国家自然科学基金资助项目（No. 71662014）
项目名称：上下文感知的O2O服务信誉管理方法研究

博士生导师学术文库

A Library of Academics by
Ph.D.Supervisors

可信服务推荐方法研究

——基于上下文感知

钟元生　邓小方　熊建英　著

光明日报出版社

图书在版编目（CIP）数据

可信服务推荐方法研究：基于上下文感知 / 钟元生，邓小方，熊建英著 . -- 北京：光明日报出版社，2021.9

ISBN 978 - 7 - 5194 - 6224 - 6

Ⅰ. ①可… Ⅱ. ①钟…②邓…③熊… Ⅲ. ①商业服务—研究 Ⅳ. ①F719.0

中国版本图书馆 CIP 数据核字（2021）第 168905 号

可信服务推荐方法研究：基于上下文感知

KEXIN FUWU TUIJIAN FANGFA YANJIU：JIYU SHANGXIAWEN GANZHI

著　者：钟元生　邓小方　熊建英	
责任编辑：朱　宁	责任校对：常　贺
封面设计：一站出版网	责任印制：曹　净

出版发行：光明日报出版社

地　　址：北京市西城区永安路 106 号，100050

电　　话：010 - 63169890（咨询），010 - 63131930（邮购）

传　　真：010 - 63131930

网　　址：http：// book. gmw. cn

E - mail：gmrbcbs@ gmw. cn

法律顾问：北京市兰台律师事务所龚柳方律师

印　　刷：三河市华东印刷有限公司

装　　订：三河市华东印刷有限公司

本书如有破损、缺页、装订错误，请与本社联系调换，电话：010 - 63131930

开　　本：170mm×240mm			
字　　数：192 千字		印　　张：15.5	
版　　次：2021 年 9 月第 1 版		印　　次：2021 年 9 月第 1 次印刷	
书　　号：ISBN 978 - 7 - 5194 - 6224 - 6			
定　　价：95.00 元			

前　言

　　本书研究内容是国家自然科学基金地区科学基金项目"上下文感知的 O2O 服务信誉管理方法研究"（71662014）的重要成果之一。

　　随着移动互联网、大数据、人工智能等技术的快速发展，人们的生活水平和质量得到了大幅提升，与此同时人们对生活服务的需求不断升级。当前我国生活服务业仍存在总量不足、结构不优、质量不高等问题，恶性事件时有发生。《中华人民共和国国民经济和社会发展第十三个五年规划纲要》《中共中央国务院关于完善促进消费体制机制进一步激发居民消费潜力的若干意见》等纲领性文件明确表示要开展加快发展现代服务业行动，推动生产性服务业向专业化和价值链高端延伸、生活性服务业向精细和高品质转变。

　　随着移动商务的快速发展以及移动支付技术的成熟，网络交易已成为人们的一种习惯。在一些 C2C 交易平台上，每个用户既可以是服务提供者，也可以是服务消费者，网络服务需求旺盛，准入门槛较低，数量众多，但服务质量参差不齐。由于网络的匿名性、虚拟性，再加上买卖双方信息不对称，用户一时难以判断服务的质量以及服务提供者是否可信。为了消除买卖双方之间的信任危机，一种比较常见的方案就是引入信誉模型，根据历史交易记录以及用户反馈来计算卖家的信誉，信誉越高意味着服务质量越好，服务提供者越值得信赖。在信息不对称下，信誉模型可以作为用户选择的重要参考。然而，一些卖家为了自身利益，恶意攻击信誉模型，进行信誉榨取或欺诈，例如，一些卖家合谋提升彼此信誉、恶意诋毁竞争者降低其信誉、小额交易诚信提升信誉，大额交易时失信获取利益等。传统的信誉模型难以识别这些恶意行为，因此，会导致信誉失真，不公平，甚至让用户怀疑平台的可靠性。本书围绕着 C2C 商务中一些典型的恶意欺诈行为，对其特点及其形成机理进行分析，对已有信誉模型进行改进，在计算商家信誉时，综合考虑了买家反馈的可信度、交易额、交易数量、交易上下文等因素。实验表明，改进的信誉模型能够大大提升抗欺诈能力。

通过信誉模型可以很好地解决卖家或服务是否值得信赖的问题，但是面对着海量甚至未知的服务，如何才能从中选择适合自己的服务呢？解决这种信息过载问题的方案之一就是推荐系统。从以往理论研究和文献综述分析不难发现，传统的服务推荐主要是根据用户的历史交易记录，找出与其兴趣相似的用户或挖掘用户的兴趣特征，然后向用户推荐相似用户喜欢的服务或者与用户兴趣特征匹配的服务。经常会遇到数据稀疏、冷启动问题，同时还容易受到一些商家的恶意推荐攻击，推荐结果的解释性和可信度都比较低。相对于偏好相似的陌生人的推荐，用户更倾向于接受来自朋友、同事等熟人的建议，研究表明相互信任的用户之间往往存在相似的偏好，信任和偏好之间存在强正相关关系，这意味着用户的社会关系网络在帮助用户过滤信息方面发挥着重要作用，不仅可以缓解数据稀疏问题，而且还可以有效抵御恶意攻击。本书在传统服务推荐算法基础上，考虑用户的社交网络对用户决策的影响，将其按照一定规则转化为信任关系，从而提出融合社交网络的可信服务推荐算法，实验结果表明，该算法能够有效提升推荐准确率，并具有良好的抗欺诈能力。由于服务交易都是在一定的上下文下进行的，例如，时间、地点、情绪等，而上下文又经常处于动态变化中，不同的上下文将直接影响到用户的服务选择，如果能根据上下文情景，恰到好处地为用户推荐服务，将会大大提升用户体验，提高交易率。因此，在服务推荐中，很有必要融合上下文信息，本书提出上下文感知的可信服务推荐算法。实验结果表明，推荐效果得到进一步提升。

本书开展的上下文感知的可信服务推荐方法研究在一定程度上拓展了电子商务中的信誉模型抗欺诈研究和可信服务推荐研究，促进了复杂系统科学、管理学、社会学、信息学多学科交叉研究，完善了可信服务推荐的相关理论体系。本书致力于从理论到应用的研究范式，将信誉模型相关成果引入服务推荐的研究中去，设计了上下文感知的可信服务推荐的研究架构，有效解决了传统推荐可解释性、可信度不高问题，既可以为商家带来更多利润，又可以为用户节省时间，还可以为平台规范行为，提高留存率，具有重要的理论价值和现实意义。本书所提出的抗欺诈的信誉计算方法可以为电子商务平台相关规则制定者提供实践思路和操作方案。

本书所涉及的研究由钟元生主持，熊建英参与了抗欺诈的 C2C 卖方信誉计算模型研究、抗欺诈的卖家在线拍卖信誉模型研究以及面向移动服务交易的信任管理模型研究，朱文强参与了社交信任下的可信服务推荐方法研究，徐军参与了 MSN 上下文感知的可信服务推荐方法研究，邓小方参与了融合社交网络的物质扩散推荐算法研究以及考虑信任传递的物质扩散推荐算法研究，高成珍参与了"低频、高代价"的可信O2O 推荐模型研究。

由于时间、精力和研究内容的局限性，本书仍存在很多不足，需要在今后的研究工作中进一步展开。

目 录
CONTENTS

第一章

导 论

第一节　研究背景及意义

一、研究背景

随着移动互联网的快速发展以及智能手机的普及，人们的生活方式发生了重大变化。人们已逐渐习惯了利用手机随时随地进行网络交易，足不出户就可以享受各种服务。电子商务的快速发展给人们生活带来极大便利的同时，也存在着一定的风险。网络交易通常发生在彼此陌生的实体之间，相对于传统的商务有实体店等重资产做担保，用户可以真实体验商品质量或服务而言，网络店铺的成本相对较低，网络商品的质量在购买时难以判断，网络信息更加虚拟。这些特点使得商家违规的成本或代价较低，一些商家为了短期利益提供假冒伪劣商品欺骗消费者，导致网络购物中商品质量良莠不齐，用户在网络购物时常常对商家的信用和产品的质量存在一定的担忧。为了解决买卖双方之间的信任危机，大部分购物网站都引入了信誉系统，通过历史交易记录和评价来度量商家的信誉，能在一定程度上约束商家的行为，但对于一些恶意欺诈行为，如共谋、诋毁等识别和处理能力较差，当前的信誉模型仍存在很大的改进空间。如何在电子商务系统中构建一种有效的信任机制从而帮助实体之间建立起信任，让交易双方互相知晓，对交易中可能存在的风险进行评估，从而更好地保护交易双方的利益，是当前电子商务领域研究的热点。

电子商务涉及范围非常广，根据参与交易的实体类型，电子商务模型大致可分为 B2B（Business to Business，企业对企业）、B2C（Business to Consumer，企业对个人）、C2C（Consumer to Consumer，个人对个人）等几类，其中最为活跃的当属 C2C 模式。在 C2C 模式下，用户可以通过网络与其他用户进行交易，用户既可以是服务提供者也可以是服务消费者，例如，网络跳蚤市场、二手交易平台等形式，这一模式主要通过 C2C 平台的中介服务和用户发布商品的价格优势来创造价值，为消费者提供了便利和实惠，吸引了大量用户的参与。从理论角度来看，C2C 电子商务模式是最能体现网络优势和价值的。通过 C2C 交易平台，大量不同地域的买卖双方可以跨时间和空间进行交易，这样的大工程在传统领域几乎是不可能被实现的。该模式节约了用户大量的沟通成本，给用户带来便利和商机，其价值也是被一致认可的。但 C2C 模式中本身也存在一定风险性，例如，交易的虚拟性和时空跨越性，使得传统邻里之间"抬头不见低头见"的道德约束不起作用了；再加上个体参与、市场进出壁垒低、参与者可以匿名注册等会造成交易双方信息的不对称，导致不确定性，增加了交易风险。已有研究表明：信任是一种降低交易不确定性和复杂性的有效方法[1]；信任度越高，越容易获取高的销售量[2]；消费者不愿意通过电子商务方式进行商品交易的最主要原因就是信任缺失问题[3]；网上信任对网上消费者的购买决策起重要作用[4]。构建一个成功的电子商务信任管理系统的重要性日益受到学术界和商界的关注[5]。本书将针对 C2C 模式特点，研究不同场景下基于信誉反馈的信任管理模型。

（1）传统 C2C 交易场景。传统的 C2C 交易平台包括淘宝、eBay 等。其中 eBay 作为最大的 C2C 网站是最早使用在线信誉系统的电子商务网站之一，国内的淘宝网也采用了类似的信誉管理模式。实践证明信誉系统可以有效防止交易欺诈，提高合作效率，但信誉系统的漏洞也滋生了大量"信誉榨取""信誉共谋""信誉诋毁"等欺诈行为，使得系统难以真实反映卖方的信誉值，从而影响消费者对卖方的信任评估[6]。很多学者也提出不少改进模型，例如，SPORAS 模型，虽然在信誉系统引进了反馈可信度、时间衰减因素，但未考虑交易价值、交易次数等因素，容易受到信誉欺诈攻击等[7]。所以本书的第一个研究问题：在传统 C2C 交易信任管理中，从买方的角度出发，进一步改进已有 C2C 信誉系统中存在的漏洞以抵御信誉欺诈问题；并考虑买方反馈评论对其他潜在买方的"口碑营销"作用，研究可以抵御反馈欺诈的买方反馈可靠度评估模型。

（2）上下文相关的 C2C 交易场景。该场景是随着 LBS（Location Based Service，基于位置的服务）发展而提出的，通过在 C2C 平台发布交易信息与交易上下文约束条件，可以对移动用户进行交易推荐，或可以让用户进行交易搜索，然后双方进一步协商，最后在线下交易的一种方式，如拼车服务。所以本书的第二个研究问题：在上下文相关 C2C 信任管理中，由于交易需要在线下一定上下文中完成，不同上下文对交易者会产生不同的风险感知。再加上该商务模式并不成熟，容易出现反馈稀疏、缺少同等上下文的反馈参考，这使得信任评估需要考虑降低信任的偶然性，并处理不同风险上下文中的信誉反馈。

电子商务的蓬勃发展，给人们生活带来了极大的便利，但面对着网上海量的商品或服务，如何从中选择适合自己的商品或服务是用户面临的一大难题。推荐系统作为一种有效缓解信息过载问题的技术之一，已成为电子商务网站中必不可少的组成部分，既可以将商家的商品精准地推荐给有需要的人，提升成交率，又可以节省用户的搜索时间，良好的用户体验可以进一步提高用户的留存率，从而实现三赢。实际中应用最广的是基于用户历史交易或评价数据的协同过滤推荐算法，该算法根据用户历史交易数据，计算出当前用户最相似的用户或已购买商品最相似的商品，然后再计算用户对未购买商品的评分，从而进行推荐。协同过滤算法简单、实用，但经常面临数据稀疏、冷启动以及容易被攻击等问题。为了缓解这些问题，常常需要借助评分数据外的辅助数据，例如，用户画像、商品特征数据等，相对于偏好相似的陌生人的推荐，用户更倾向于接受来自朋友、同事等熟人的建议，这意味着用户的社会网络在帮助用户过滤信息方面发挥着重要作用。信任关系是社会网络中最重要的关系之一，充分和有效利用信任信息为提升推荐质量带来巨大机遇和挑战。因此，本书在对信任模型进行一定研究之后，进一步将信任模型与推荐算法相结合，结合社交网络和具体的场景，提出了几种可信服务推荐算法，一定程度上提升了推荐效果，同时能有效避免一些恶意推荐攻击。

二、研究意义

信任是商业活动的基础，电子商务的虚拟性与匿名性使得信任的建立相对于传统的商务更为困难，本书针对电子商务中一些常见的信誉欺诈行为进行分析，并提出相应的信誉计算模型，增强信誉的可信度。推荐系统作为电子商务的重要组成部分，经常遭遇数据稀疏、冷启动、易被攻击等问题，本书从不同角度将信誉模型与推荐系统相结合，提出若干可信服务推荐算法。下面分别从理论和实践两个方面，对本书的研究意义进行阐述。

（1）理论意义

①本书结合电子商务应用与发展趋势，参考国内外信任管理、交易上下文风险研究成果与实践经验，立足于 C2C 电子商务交易模式，首先研究了传统 C2C 模式中的信任管理，接着考虑移动网络环境下，基于 LBS 而提出上下文相关的交易场景，构建上下文风险感知的信任管理模型，为 C2C 商务用户的信任建模及可信用户识别提供理论基础。

②以电子商务的可信用户识别为基础，进行可信服务推荐研究，为开放环境下的服务推荐研究提供参考，并考虑推荐方法的鲁棒性，为电子商务推荐方法的鲁棒性研究提供参考。

③相对于偏好相似的陌生人的推荐，用户更倾向于熟人的推荐。通过扩散过程将社交网络信息有机地融入推荐过程，将传统扩散推荐算法的应用场景从用户—商品二部图扩展至既含社交网络又含用户—商品二部图的两层耦合网络，提出了一种融合社交网络和用户—商品二部图进行推荐的新模式。

（2）实践意义

①信任模型能够促进商务发展与改革创新。信任缺失是阻碍商务发展的主要因素之一，由于交易双方通常互不相识，信任关系的建立依靠信任管理模型，现有的信誉模型存在的漏洞容易滋生投机行为。本书提出的信誉模型可以有效削弱欺诈所获取的信誉增长，更好地抑制欺诈行为，为电子商务的发展营造诚信经营环境，推动未来新技术下模式的改革。

②信任模型有利于降低消费者交易风险。消费者对虚拟交易对象可信判断存在难度，本书从风险主要承担者的角度出发研究抗欺诈的信誉

管理模型及口碑传播中其他买方反馈的可靠度，可以降低交易双方信息不对称，帮助消费者选择信用良好、可信度高的合作伙伴，提高合作效率，降低交易风险。

③上下文感知的可信服务推荐算法能够满足用户的个性化需求。一般来说，彼此相互信任的用户拥有更多相同的兴趣爱好，用户也更倾向于自己信任的人的推荐，因此，推荐更能满足用户的需求，此外，考虑了信任关系的推荐系统可解释性更强，具有一定的抗欺诈能力。

第二节　国内外研究现状

本书从服务推荐、可信服务推荐、基于上下文信息的信任计算方法以及融合社交网络的推荐算法这几方面梳理现有的研究成果以及有待进一步研究解决的问题。

一、服务推荐

传统的推荐方法主要是针对项目或商品进行推荐，大致可以分为三类：协同过滤推荐、基于内容的推荐和混合推荐[8]。其中，协同过滤推荐主要是基于用户的偏好相似度来为目标用户进行项目评分预测，然后根据预测评分来进行项目推荐[9]。基于内容的推荐是根据用户对项目的评分、项目属性特征等信息来计算项目自身的相似性，然后为目标用户进行项目推荐。混合推荐则是综合考虑协同过滤推荐和内容推荐的优缺点，将两者进行不同程度的融合，来为目标用户进行项目推荐[10]。

随着社会经济的发展和人们生活水平的不断提高，人们对服务的需求量越来越大，对服务的质量和品质都有了更高的要求，而电子通信技术、在线支付技术的发展，为人们进行服务选择提供了坚实的技术保障。为此，许多研究人员都基于以上三类推荐方法对服务推荐进行了研究，以解决服务信息过载，用户难以选择的问题。

目前服务推荐相关研究主要集中在以下三方面：

（1）基于服务和用户的空间位置关系，对用户进行服务推荐。Jianxun Liu 等人（2015）[11]提出了一种位置感知的个性化 Web 服务协同过滤推荐方法，该方法将用户和服务的位置作为考虑因素，将位置分为 AS、Country、Global 三层，以这三层为基础，进行相似用户和相似服务的计算，并将两者结合，进行服务推荐，该方法能够有效提高服务质量预测精度，但缺点是未考虑用户的偏好属性特征。徐雅斌等人（2015）[12]将地理位置先分为用户兴趣区域，再将用户兴趣区域细分为用户兴趣点，根据用户的相似性对目标用户进行兴趣区域推荐，在获得目标用户兴趣区域的基础上，计算服务的相似性并进行用户兴趣点的推荐。Shudong Liu 等人（2015）[13]根据用户的日常活动位置变化生成用户的短距离移动特征，而根据用户的社会网络关系，生成用户的长距离移动特征，然后根据用户的当前空间位置进行短距离或长距离的商业服务信息推荐。

（2）从信任角度对服务进行推荐。Weimin Li 等人（2014）[14]将用户间的空间距离作为用户的关联系数，并根据用户的偏好相似度来综合计算用户之间的信任程度，然后基于此，对用户进行位置服务推荐，该方法的缺点是计算用户的信任关系时忽略了用户的社会网络关系。王海艳等人（2014）[15]根据推荐用户正确推荐服务的次数，使用 Beta 概率密度函数预测推荐用户的推荐行为可信程度，建立目标用户的可信邻居联盟，并结合用户之间的偏好相似度，进行服务推荐，该推荐方法不仅具有较好的服务推荐精确度，还能有效抵抗恶意欺诈行为。Shuiguang

Deng 等人（2014）[16]基于用户的社会网络建立用户信任矩阵，结合用户—服务评价矩阵，来预测目标用户对服务的评价，进行服务推荐，但在计算用户相似性时，没有考虑用户个性化属性特征。张佩云等人（2015）[17]根据目标用户的社会网络关系建立用户之间的信任度和服务信任度，然后结合用户个性化需求设计了分解与匹配算法，并根据WordNet 语义词典来提高匹配的准确度，提出了一种能有效满足用户个性化需求的可信服务推荐方法。

（3）根据移动环境的上下文属性，进行移动服务推荐。刘树栋等人（2014）[18]根据每个兴趣点上的移动用户相似性，计算出基于所有兴趣点的综合移动用户相似性，并依据移动用户之间的通话时长、次数等因素计算移动用户之间的直接信任值和间接信任值，最后得到目标用户的近邻用户群，然后根据近邻用户群对目标用户进行网络服务推荐。基于位置的移动服务推荐系统，经常需要在用户—服务评价矩阵的基础上，对上下文信息进行匹配融合，从而会丢失原始数据的精度，Masoud Sattari 等人（2014）[19]提出了一种通用的数据降维方法，能够有效地将3 维数据降至 2 维，并且有效保证了推荐方法的精度。张志军等人（2015）[20]根据移动目标用户的移动社交网络、上下文信息及移动目标用户的当前位置来构造移动用户的基于上下文信息的偏好矩阵，计算目标用户的位置偏好，然后将偏好最大的 TOP－N 个位置推荐给目标用户。

二、可信服务推荐

移动社交网络的发展，为移动电子商务的普及推广提供了基础保障，也为人们构建自己的信任网络提供了良好的应用基础，人们在进行服务选择时，经常通过自己的信任网络来获取熟人、亲戚、朋友的意见和建议。因此，许多研究人员将信任关系引入推荐方法中，以克服传统推荐方法存在的数据稀疏、冷启动、恶意推荐等问题。

基于信任的推荐方法工作原理如图 1.1 所示[262]。

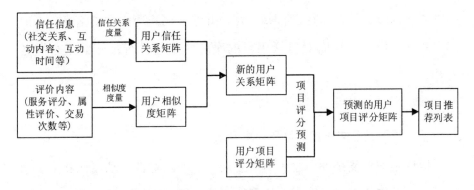

图 1.1 基于信任的推荐方法工作原理

王海艳等人（2014）[15]对推荐用户的正确推荐次数和错误推荐次数进行分析，使用 Beta 概率模型来计算推荐用户的直接信任，根据信任链路上的用户共同使用服务数量来计算推荐用户的间接信任，最后与用户评价相似度进行融合，产生推荐用户的综合信任权重，并建立目标用户的可信用户联盟，为目标用户进行服务推荐。张燕平等人（2015）[21]对目前电子商务推荐系统面临的托攻击进行研究，利用用户的历史交易记录建立用户的声誉，并结合协同过滤领域内的隐语义模型，提出融合用户声誉和隐语义模型的协同推荐算法，以提高推荐系统抵御托攻击的能力。文献［17］基于用户的评分计算得到目标用户的近邻，然后根据近邻用户的属性特征，计算近邻与目标用户服务的领域相关度，最后产生推荐用户的推荐可信度，对目标用户进行可信的服务推荐。张佩云等人（2013）[17]基于语义词典来分析用户的个性化需求和服务发布者的服务声明，计算服务提供者的服务可信度，并根据用户的服务调用历史生成服务的直接信任度，而根据用户的社会网络信任关系计算服务的间接信任度，最后生成满足用户个性化需求的可信服务推荐列表。辛乐等人（2014）[23]对服务的历史配置文件和未知服务配置文件进行分析，对多维的异构服务质量指标进行归一化，并结合用户历史评价信息，生成用户的偏好模型，从而对目标用户的服务效用值进行预测并进行服务推荐。

三、基于上下文信息的信任计算方法

信任是一个复杂的概念，具有主观性、非对称性、动态性和上下文相关性。大部分现有方案都关注了主观性、非对称性和动态性。上下文相关性对于开放式网络环境中的应用至关重要，因为经常会出现在某个上下文中没有足够信任信息，但在一些相关上下文中有大量信任信息的情况。

上下文感知计算是指系统能发现并有效利用上下文信息进行计算的一种计算模式，已经广泛应用于许多领域[25,26]。目前上下文感知的信任计算方案并不多[25,35]。文献［28－30］中的方案只是将上下文作为筛选信任信息的条件或调节信任度的固定因子。只有 Liu 等人[27]提出了一种信任度映射方法，但上下文相关度使用人为定义的固定值。文献［31］通过感知节点所处环境的上下文信息，实时更新节点行为记录，客观有效地对节点进行信任评估。文献［32－33］采用改进的证据理论方法进行建模，采用概率加权平均法进行信任度的评估，但不能处理由于部分信息和新未知实体所引起的不确定性问题，也没有详细的风险分析及建模风险和信任之间的关系。文献［34］针对陌生实体的交互情况，引入了风险评估模型，不过文中的风险评估模型过于简单。

Sheikh I Ahamed 等[35]提出了一个信任初始化模型,该信任初始化模型根据具体的安全需要将服务和物理条件上下文划分为不同的安全级别,但仍不能有效解决恶意推荐。

四、融合社交网络的推荐算法

随着互联网在人们日常工作和生活中的不断普及,呈爆炸性增长的在线信息反过来又引发了"信息过载"问题。作为解决这一问题的有力工具,搜索引擎和推荐系统被国内外学者深入研究。搜索引擎基于用户输入的关键词返回搜索结果,而推荐系统则利用用户的历史信息帮助用户寻找与之相关联的信息。推荐系统自 20 世纪 90 年代便成为重要且独立的研究领域[9]。

近年来,学者已提出多种推荐模型和算法,包括协同过滤算法[36,37],基于内容的推荐算法[38],谱分析方法[40]等。由于上述算法都是基于相似性的,通常为用户推荐更为流行的商品,而冷门商品往往会被忽略。与此同时,二部图上的建模和分析吸引了越来越多的注意力。基于扩散的方法[41,42]不需要额外的语义信息和上下文信息便可以恰当地反映二部图的结构并可以取得较好的推荐效果。

众所周知,社交网络中的朋友对用户的购买行为会产生重要影响,但由于缺乏研究数据的支撑,在传统的推荐算法中很少考虑这一因素。随着社交网络的流行,传统的推荐系统利用诸如用户朋友关系和社交影响等额外信息提高他们的推荐效率。近年来,基于社交网络的个性化推荐已成为推荐系统研究领域较为活跃的分支之一。面对数据稀疏性加剧的严峻挑战,如何利用用户的社会友邻信息,提高推荐的准确性、鲁棒性和用户满意度,成为基于社交网络的推荐系统研究的主要任务。基于社交网络的推荐算法主要包括融合社交网络的协同过滤方法、融合社交网络的矩阵分解方法和融合社交网络的贝叶斯概率模型等。融合社交网络的协同过滤方法[43,44,45]为目标用户的社会友邻分配更高的权重而不是只考虑一个与目标用户相似性较高的匿名用户集合。融合社交网络的矩阵分解方法[46,47,48]则利用信任传递方式将社交网络信息和社交影响直接融合到经典的矩阵分解方法中，预测目标用户对商品的评分值以实现个性化推荐。融合社交网络的贝叶斯概率模型[49,50]考虑用户偏好、商品的普遍接受度和社交关系的影响建立概率模型，揭示朋友之间有一种选择同类型商品并给出相似评分的趋势的同时提高了推荐效率。

现有基于社交网络信息的个性化推荐算法都需要评分、标签等额外信息。事实上，既有社交网络信息又包含评分、标签信息的数据非常匮乏，严重制约着基于社交网络的推荐算法的研究。

第三节　研究思路与内容

一、研究思路

本书研究的总体思路是：针对电子商务中服务的可靠性和行为欺诈问题，探讨 C2C 环境中用户信任度计算，通过上下文信息建立信誉映射机制，构建新的上下文感知信誉评价模型和信誉预测模型，在此基础上，将信誉模型运用于推荐系统，融合社交网络提出可信服务推荐算法。在研究方法上，从多维上下文信息相似性出发，通过社交网络分析和集值统计理论的结合，数理分析与计算实验结合，实现方法论的创新，为移动商务信誉计算和推荐算法提供新思路、新方法。研究的技术路线如图 1.2 所示。

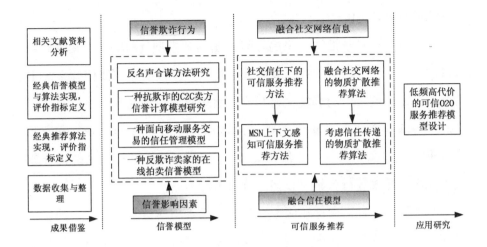

图 1.2　研究的技术路线

二、研究内容

本书主要围绕电子商务中的信任模型以及推荐系统展开研究，并将二者进行有机融合，提出可信服务推荐算法。主要内容安排如下：

第一章　导论。主要通过文献分析，介绍本书的研究背景、目的及意义，当前国内外研究现状，整体的研究思路和内容以及研究方法与创新等。

第二章　概念界定与理论基础。主要介绍本书中需要用到的一些关键术语的含义以及一些理论基础，例如，信任、信誉、信任模型、上下文感知、社交网络等。

第三章　反名声合谋方法研究。针对电子商务交易中，可能存在的合谋行为进行分析，并提出相应的算法用于识别并处理合谋行为，降低合谋行为对用户信誉的影响，保证信誉的公平性。

第四章　一种抗欺诈的 C2C 卖方信誉计算模型。针对 C2C 信誉模型中小额商品信誉炒作、信誉共谋、信誉诋毁问题，引入交易价格、反馈可信度、共谋因子等参数，提出一种买方视角下抗欺诈的卖方成员信誉计算模型（C2CRep）。

第五章　一种抗欺诈卖家的在线拍卖信誉模型（SRep）。该模型引入自适应价格、反馈可信度以及合谋和惩罚因子以防止在线信誉系统中的欺诈，使用淘宝中的真实交易和反馈数据验证模型的有效性，通过定义的一些基本特征来过滤可能欺诈的数据，然后计算 SPORAS 模型和 SRep 模型的信誉计算误差，结果显示 SRep 模型对于低价商品的信誉欺诈、合谋、诋毁等行为具有较强的抗攻击能力。

第六章　一种面向移动服务交易的信任管理模型。通过度量反馈偏移度均值作为反馈可靠度，进行交易反馈的加权。考虑到移动服务交易信任评估更依赖于交易环境，所以模型中融入包括交易时间、地点、交易额度的环境上下文因素，实现了一种不同上下文动态信任映射机制。

第七章　社交信任下的可信服务推荐方法。将社交网络理论引入服务推荐方法中，将用户之间的社交关系热度、社交关系亲密度及推荐用户的社交关系核心度作为社交信任因素进行考虑，同时对用户的服务评分进行加权计算，并考虑推荐用户的服务认知程度，提出了一种基于社交信任的可信服务推荐方法。

第八章　MSN 上下文感知的可信服务推荐方法。提出了一种基于信任的服务推荐算法，在计算目标用户可信邻居时，考虑了用户的相似性以及朋友之间的熟悉度。用户相似性计算时综合考虑上下文信息和共同评价项目的数量，朋友之间的熟悉度以六度空间理论为基础，通过图论方法获取。

第九章　融合社交网络的物质扩散推荐算法。以用户为枢纽节点将社交网络和用户—商品二部图融合为耦合网络，并在此基础上提出了一种基于物质扩散动力过程的推荐算法，该算法将社交网络的朋友信息和用户选择商品的信息进行有机集成，是经典物质扩散算法的一种拓展。

第十章 考虑信任传递的物质扩散推荐算法。不仅考虑目标用户在社交网络中直接好友的商品选择信息，而且将目标用户在社交网络中的二阶好友的商品偏好信息纳入推荐算法中。

第十一章 "低频、高代价" O2O 服务可信推荐模型设计。对当前研究较少、面临较大困难的低频高代价的复杂服务推荐的研究提出一些思路和设想，为今后的研究指明方向。

第四节 研究方法与创新

一、研究方法

本书主要采用的研究方法有：文献研究法、仿真实验法等。

下面对主要研究内容进行说明：

通过对已有文献和网络资料研究，分析目前 C2C 电子商务信任管理中存在的问题，并着重对信誉欺诈进行深入剖析；研究已有文献中信任模型存在的不足，通过数学建模的方法引入抵抗信誉欺诈的参数，构建基于信誉反馈的 C2C 信任管理模型；最后通过 C2C 平台真实交易数据与反馈数据验证模型的有效性。

研究已有文献关于不实评价过滤的主要方法，通过偏移度计算方法衡量用户反馈评分的偏离程度，用于作为信誉反馈的权重和过滤不实评价的依据；通过上下文风险推理规则，构建不同上下文风险的信任映射机制，从而构建上下文风险感知的信任模型；最后在实验中定义虚拟社区交易规则，模拟社区交易，验证模型的信任计算准确性。

研究已有文献关于服务推荐的主要方法，通过融合用户社交网络，将用户之间的社交关系热度、社交关系亲密度及推荐用户的社交关系核心度作为社交信任因素进行考虑，计算用户之间的信任度；同时对用户的服务评分进行加权计算，并考虑推荐用户的服务认知程度，从而提出可信服务推荐算法；最后通过真实数据集上的实验，验证模型的推荐效果和抗欺诈能力。

二、本书的创新之处

本书的特色与创新之处主要有以下几点：

（1）构建基于上下文感知的移动服务信誉评价模型。这一模型的优点是利用上下文信息建立信誉映射机制，在此基础上，实现自适应直接信任和间接信任权重分配方法，并且根据不同类型的上下文信息，进行外因补偿信誉、外因惩罚信誉，从而制定适当的激励策略，使得信誉评价更加客观和准确。

（2）结合交易上下文信息的信任预测模型。移动服务交易中的信任预测本身与交易上下文之间关系密切，将交易与上下文信息进行分离构建二部图，借助链路预测思想找到与待预测交易最相似的交易，从而预测交易双方信任度。将上下文信息融入预测模型的构建中，有望进一步提高预测的精确度。

（3）融合社会网络信息的信任预测模型。充分利用社会网络信息，将朋友间的信任关系转化为信任传递信息有机地融入信任预测方法，可以更加准确地预测评分数据。相对于移动服务交易的即时性特征，相对稳定的社会网络信息有助于构建更加柔性的信任预测模型。

（4）融合信任关系的可信服务推荐算法。结合社会网络理论，为原有的协同过滤推荐方法注入新的理论内容，并将其应用于移动商务过程，为用户提供可信的商家和服务推荐，改善当下移动商务环境所面临的诚信问题。

第二章

概念界定与理论基础

第一节　信　任

一、信任概念

我们在生活中经常会提到"信任"，通常我们把信任理解为对某人某物的能力或本质的可靠性评价。信任这个概念在社会学、心理学、商业管理和计算机等领域都能看到，各个领域从不同的角度对信任都有自己的定义。比较有代表性的定义如下：

（1）社会学研究者 Francis（1995）[39]将信任定义为在一个社区中，对社区成员产生一种规矩、诚实、合作行为的一种期待。

（2）心理学者 Lee（2002）[51]认为信任是隐含于个性之中，是一种在个人心理发展过程中形成的期望、感觉或信念。

（3）管理学者 Venkatesh（2002）[52]认为信任是个人观念中对他人或组织有能力、诚实、善意的以一种可预见的方式履行行为的信念。

（4）经济学家 Moorman（1993）[53]认为信任是对交易伙伴有意愿依赖和信心。

（5）营销学者 Doney（1997）[54]认为信任是消费者感知销售人员的可信性及其善意程度。

（6）在计算机相关的领域中，信任最早出现在分布式人工智能领域，由 Marsh（1994）[55]引入，在该领域研究中，很多学者都引用了 Gambetta（2000）[56]给出的定义。例如，Abdul（1997）[57]等认为"信任或不信任是指一个智能体主观上对另一个智能体履行特定行为的可能性评价，这个评价是在有可能产生影响的行为被监控前或不能监控的背景下所产生的"。该定义将信任归类于一种可能性，反映出信任的主观性和背景相关性。由此可见，信任是在一定的背景和时间条件下的信心或者信念。

综合上面多重学科对信任的定义，以及对信任属性的理解，在本书中我们对信任进行如下定义：

定义 2.1：信任（Trust）是在特定上下文环境中，求信方（Trustor）对获信方（Trustee）诚实、可靠交互双方约定的服务的意愿和交互能力的意念。

从定义中可以清楚地看到信任是求信方和获信方之间发生的关系。显而易见，信任是由这种关系实现的，如果没有这种关系，信任也失去了意义。为了方便说明，信任关系被定义成求信方和获信方间的关联。如图 2.1 中反映出求信方和获信方在不同背景和时间下都会产生一个信任关系，而每一个信任关系都关联一个值，这个数值即为信任值，表示在特定背景下的信任关系的信任度。而且，从图 2.1 中也可知，信任关系是单向的。

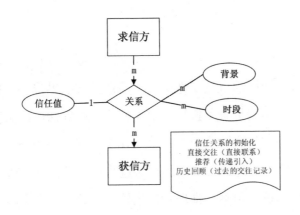

图 2.1　信任关系图

现有的很多文献并没有明确区分信任、信任值和可信度概念，对于实体的可信度级别如何确定，也一直缺少系统化的阐述和标准化表示。一个好的可信度表示方法可以传递给用户更准确的信息，比如，优、良、差三个级别的系统肯定比只有优、差两个级别的系统好。在学术界，也有很多学者提出了不同的看法，例如，Aberer（2001）[58]用 1 表示"信任"，-1 表示"不信任"，实现了一种通过决策函数来决定可信度的方法；Wang（2003）[59]将每一个节点用 0 表示"满意"，1 表示"不满意"，从而建立了一种基于贝叶斯网络的可信度计算模型；Xiong（2004）等人[60]考虑了节点的满意度、反馈信誉等参数，提出了一种信任度量标准，认为信任值可鉴于 0~1 之间，数值大小代表信任级别的高低；Kamver（2003）[96]等人也将信任标准化为 0~1 的值。综上所述，本文认为，信任度可以是连续的值，也可以是离散的值，故将信任度定义如下：

定义 2.2：信任度（Trustworthiness）：也被称为可信度、信任级别或信任值，是求信方对获信方信任程度具体的量化表示。

二、信任的特征

信任关系中实体的自然属性决定了信任是难以界定的、模糊的，这也给信任的评估预测带来了挑战。信任的这种模糊性可以由实体的外因引起，包括行为、策略、协议等；也可由实体的内因决定，包括心理、知识、性格、能力、意愿等。内因很难进行量化处理，而外因可以直接被观察到，可以进行预测、推理、量化处理。综合已有文献研究，本书对信任特征归纳如下：

（1）主观不明确性

信任是求信方对获信方的一种主观判断，由于不同的求信方都可以有自己的评估标准，即使是对同一个获信方，在相同时间、行为等条件下，不同求信方也很有可能会因为自身出发角度的不同，对获信方做出不同的判断[56]。

（2）非对称性

信任关系是单向的，信任双方对彼此的信任级别一般并不具备对称性。也就是说，即使 A 信任 B，但并不意味着 B 也信任 A[62,63]。

（3）不完全对称性

在一般情况下，信任关系可能并不具备完全传递性。即：在 A 信任 B，B 信任 C 的情况下，A 也不一定信任 C。但在实际生活中，如果 A 高度信任 B，而 B 高度信任 C，A 也可以对 C 产生一定的信任[64]，如图 2.2。所以在某些特定的约束条件下，信任也会显示出一定的传递性。已有研究中，推荐信任就是利用信任的可传递特性建立的信任计算模型[65,66]。

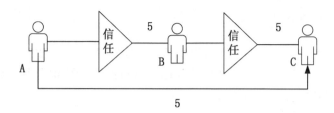

图 2.2（a）信任的完全传递性

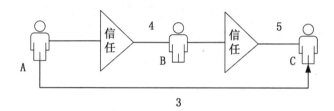

图 2.2（b）信任的不完全传递

（4）上下文相关性

信任的具体状况与上下文环境紧密相关，即在某个特定上下文中，实体 A 和实体 B 能够建立起信任关系，而在另一个上下文中，A 和 B 可能就无法建立起相应的信任关系，也就是说信任度量应该考虑具体的上下文环境[31,67,68]。

（5）反义性

信任的反义性和背景相关，即同一信任关系中两个智能体 A 和 B，对背景的理解有所不同。如图 2.3，A，B 进行交易，任何一方感知的背景对另一方而言都是相反的，A 将信任关系中的背景看成买，而 B 看成是卖[69]。

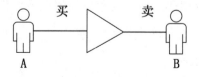

图 2.3　信任的反义性

（6）时间衰减性

随着时间的推移，求信方对获信方的信任也会呈现出衰减的趋势，就像我们一般会认为获信方在越久远时获得的信任评价对其当前可信度证明越弱[70,71]。

（7）可度量性

在现实生活中，一般都用比较模糊的语言对信任进行表述。而在计算的环境中，需要用精确的方式来处理模糊、复杂的信任关系，已有的信任管理模型的建立也表明信任是可以被度量和被量化的，可以表现为连续或离散的值[55,72]。

（8）动态性

信任的关系不是静止不变的，随时间和环境等的变化而变化。信任动态性包含两层意思：一方面，信任关系的建立与传递行为本身就是一个动态的过程[73]；另一方面，信任的建立与消失速度也呈现出不对称性，即负面反馈的交互对信任值的降低影响通常比正面反馈的交互产生的信任提升影响更大[74,75]。

三、信任表示

通过分析以上关键特征可知，信任极具抽象性和不确定性，需要采用合理的数学方法来量化信任的动态性，从而具体度量信任值的大小。已有文献中通常采用布尔值、0 到 1 的实数或 −1 到 1 的实数、离散的等级或模糊逻辑值等表示信任值，其表示方法有离散信任值、概率信任值、信念信任值、模糊信任值、灰色信任值以及信任云，后面 5 种表示方法反映了信任的抽象不确定性[76]。针对常见的 4 种表示方法进行举例分析[77]，如表 2.1 所示。

表 2.1 信任值的表示方法

分类	特 点	文献定性描述	
离散信任值[78]	优点：描述简单，符合用户表达信任的习惯。 缺点：可计算性较差，需要借助映射函数把离散值映射成具体数值	服务质量	描述
		好（G）	服务正确且服务质量好
		一般（L）	服务正确但服务质量欠佳，如服务不及时
		未响应（N）	拒绝服务
		不正常行为（B）	提供的服务是错误的甚至是恶意的
模糊信任值[79]	用模糊理论来研究主体的可信度，隶属度可以看成是主体隶属于可信任集合的程度。模糊化评价数据以后，信任系统利用模糊规则并基于这些模糊数据推测主体的可信任程度	模糊集	描述
		T6	完全信任
		T5	特别信任
		…	…
		T1	不信任
概率信任值	优点：适用于很多与统计概率相关的推理算法。 缺点：把信任的主观性和不确定性等同于随机性	实体 i 对实体 j 的信任度定义为，值越大表示主体 i 对主体 j 越信任，0 表示完全不信任，而 1 则表示完全信任。概率信任值一方面表示了主体之间的信任度，另一方面也表示了主体之间不信任的程度。 如 $\alpha_{ij}=0.9$ 表示实体 i 对实体 j 的信任度为 0.9，不信任的程度为 0.1	
信念信任值[80]	信念理论和概率论类似，差别在于所有可能出现的结果的概率之和不一定等于 1，信念理论保留了概率论中隐含的不确定性	引入 opinion 表示信任度，把 opinion 定义为一个四元组 $\{b, d, u, \alpha\}$。b、d、u 分别表示信任、怀疑、不确定。且 $b+d+u=1$。主体的可信任度为 $b+\alpha u$，其中 α 是一个系数，表示可信度中不确定所占的比例	

四、信任分类

信任的分类有很多划分标准，典型的信任分类可以归纳为：

（1）根据信任演化机制不同，Zucker（1986）[81]将信任划分为：①基于过程的信任，即信任计算依据来源于用户的历史行为记录；②基于机构的信任，即信任计算的依据来源于用户所在机构的组成及法规等；③基于特征属性的信任，即评估依据来源于用户之间特征属性的相似性。

（2）根据不同的信任主体、客体，Jøsang（2007）[82]将信任划分为5种：资源访问信任、证书信任、服务提供信任、代理信任和架构信任。

（3）基于获取途径的不同，Azzedin 对信任划分为：①身份信任（Identity Trust），与实体身份认证的真实性有关[83]；②行为信任（Behavior Trust），行为信任是受实体的声誉影响。Donvan（2007）等人也将信任相应地划分为：①基于凭证的信任，也称为客观信任或理性信任；②基于信誉的信任，又称为主观信任或感性信任。该划分正好对应于基于证书信任策略及基于信誉的信任模型，这两种信任模型也是现行主流信任管理机制。

客观信任（或理性信任）的特点是相对精确、客观，将信任级别表达为信任或不信任的两种，可以抽象为数字 0 或 1，也可表示为布尔值。主观信任（或感性信任）认为信任是求信方对获信方特定行为的可能性预测，这种预测主要取决于经验，并将随着获信方后期行为得到的反馈而不断进行修正[69]，它是通过数学的方法来进行信任评估的。在主观信任模型中，又根据经验来源的不同，将实体之间的信任关系分为直接信任和推荐信任。也就是说，求信方对获信方的经验既可以是从自己的直接交互中获得，也可以是通过其他推荐者获得。主观信任模型认为信任是一种经验，往往用［0，1］之间的实数或者离散的数值针对信誉和风险来量化信任。而信誉评估是信任模型中最重要的内容，故主观信任模型又被人们称为信誉评估模型。由此可见，把信任单纯地限制在某一种类型的观点是片面的，客观信任和主观信任两者之间并不存在矛盾，它们都反映出信任的不同方面，在信任系统中也是可以并存的，在实际中也都有具体的应用体现[84，85]。

五、电子商务中的信任问题

信任在电子商务环境下，具备一般环境中的特点，还带有其自身特点。首先，电子商务涉及经济利益、个人信息暴露等风险；其次，信任关系更加复杂。在 C2C 电子商务中，Willy（2012）通过调查表明，卖家的信任、技术和平台的可靠性、完整性等都是买方在网上交易时注重的，如果求信方是购买商品的买家，那么获信方则包括互联网技术、电子商务平台、以及交易中的卖家等。目前研究学者对电子商务环境下的信任主要从以下两个不同的角度给出：

（1）交易环境角度：Corritore（2013）等[86]总结传统领域对信任的研究成果，将电子商务环境下的信任定义为消费者与提供信息平台的一种关系，是在有风险的网络环境中不暴露主体弱点的期望。

（2）交易关系角度：Doney（1997）[54]将交易双方关系中的信任定义为一种对彼此是否善意和可信的感觉。学者 Mcknight 等（2002）[87，88]定义信任为求信方对获信方在表达出善意、能力、诚实和可预测性的信心。其中善意是指获信方的行为会主动从求信方的角度考虑；能力是获信方具备可以满足求信方的需要和利益资格；诚实是获信方可以信守承诺；可预测性则是获信方的行为具有稳定性。

在传统电子商务环境下信任的定义不强调交易主体的环境相关因素，而上下文相关的 C2C 可能会涉及更多的交易情境因素。所以本书所描述的 C2C 电子商务信任可以定义为：C2C 信任（C2C Trust）：

在 C2C 电子商务形态下，交易求信方对网络中发布商品或服务的获信方能够选择或是否进行上下文约束，并根据约束条件履行交易协议的能力、态度和道德的信念。

第二节　信　誉

一、信誉概念

信誉（Reputation）也称为声誉、信誉度、信用、信用度。很多领域都对信誉进行过研究，而最早进行研究的是社会学家、经济学家和心理学家等。目前在计算机领域也出现了很多对信誉的研究，如分布式系统和应用、基于 Web 的社会网络、多 agent 系统等。《美国传统词典》中将信誉解释为：公众对某人的评价。Sabater 和 Sierra（2003）[89] 把信誉定义为：某人关于某物的看法或观点。Jøsang（2007）[82] 把信誉定义为：大众关于某个事物或人所持有的立场观点。Mui（2002）等人[72] 认为：信誉是基于历史行为对一个主体意图和行为所产生的感知。Abdul（2000）[57] 将信誉定义为：基于所掌握的主体信息或其历史行为对该主体行为的预期。Chang（2005）等[69] 认为上述对信誉的定义缺少对时间和环境等上下文因素的考虑，为此将信誉定义为：综合所有第三方对主体的推荐信息以描述该主体的质量特征。所以本书对信誉、信誉度定义如定义 2.3、定义 2.4。

定义2.3：信誉（Reputation）：也称为声誉、信用，是在给定的上下文环境中，建立在其他与主体有过交互的节点对主体行为做出的评分反馈的基础上，对该节点未来行为做出的一种期望。

定义2.4：信誉度（Reputation－Value）：或声誉度、信用度，是指在给定的时段和上下文环境下，量化表示节点的信誉程度。

信誉的模糊性影响信誉系统的质量，信誉的模糊特征主要包括[69,90]：

（1）可疑性：信誉是由反馈代理所传递而来，而反馈代理可能没有向信誉系统传递正确的信誉。

（2）看法的多样性：与信任一样，信誉也有其所附属的个体因素。

（3）恶意攻击：反馈代理在传递信誉时会故意制造一些错误，这也是现有信任管理模型中的一个主要问题。

C2C电子商务中对某用户的信誉评估，是在一定上下文环境中，根据观察用户所获取到的所有交易反馈信息，决定对该用户未来行为的期望。由于信誉综合了所有实体对信誉主体的评价而来，所以它是一个全局量；同时信誉是来源于实体之间交互行为的产物，是来源于第三方交易经验的总结。经验可以是正向的，也可以是负向的，可以帮助其他实体与信誉主体在初次交易时更好地了解交易对方，建立信任关系，降低交易成本，所以信誉是产生信任的重要来源之一。

二、主要信誉评价方法及其缺陷

信誉已在不同的学科得到广泛应用，如社会学、经济学和心理学。在计算机领域，信誉的概念已出现在多代理系统。Sabater和Sierra[91]把信誉定义为"某人关于某物的看法或观点"。Mui等人[92]把信誉定义为"代理通过过去行为建立关于它的意图和规范的感知"。近年来，关于信任及评估问题的研究，吸引了国内外众多学者。自从 Blaze 等人首次将信任管理模型引入计算机领域后，Adul - Rahman 等人[93]在此基础上，提出了基于信誉机制的信任模型。但该模型仅采用单一数值来表示信任度，难以准确地描述信任的多维特征。此外由于忽视了评分人信任度，模型难以区分恶意用户和诚实用户，无法解决恶意推荐问题。对此，通过综合考虑信任关系的多种可能影响要素，贺利坚等人提出了若干多维度信任计算模型[95-96]，增强了信任模型在行为和环境动态变化中的适应能力。

由于信任问题的复杂性和不确定性，决策者对信任值的表示形式可能是多种多样的。一般来说，信任值表示方法的不同，所采用的理论也不同。大致可分为：

（1）基于灰色系统理论建模[94-96]。如文献［94］利用白化权函数量化实体属性，将实体序列与参考序列的灰色关联度定义为实体的信任水平；文献［95］利用灰色定权聚类的思想计算证人的信任，从而构建了 GTrust 信任模型。该类方法为建立信誉数据仓库提供了较好的基础，但属性权重确定不够客观，不能反映不同评价属性在决策中所起作用的程度；且分辨系数的确定带有一定的主观性，从而得到的属性灰类精确性不高。

（2）基于信念理论建模[97-102]。如 Beth 信任管理模型和 Jøsang 信任管理模型。Beth 信任模型以经验的概念为基础，进行信任关系的推导和信任度的计算[97]。但该信任模型主观信任建模侧重随机性，且采用简单的算术平均集成信任值，因此不能有效反映信任关系的实际情况。Jøsang 模型借鉴了 Dempster - Shafer 的证据理论，利用不确定性数学方法描述主观信任度，Jøsang 认为主观信任是一种认知现象，具有模糊性，关键问题是如何建模[98]。与 Beth 模型相比 Jøsang 模型采用一个三元组来表示信任度。但 Jøsang 没有考虑不同事件的证据差异，同样难以有效地消除恶意行为。杨晓晖等人[99]对传统主观逻辑进行扩展，并综合考虑时间相关性、声誉和风险等因素，提出一种实体行为动态可信评测模型，该模型可有效地抑制和检测实体恶意行为。之后，田俊峰等人[100]进一步从多项式观点出发，研究了基于多项式主观逻辑的扩展信任融合和传递模型。Cerutti 等人[101]研究了基于主观逻辑的依赖上下文的信任决策和一系列折扣算子及其几何解释。Liu 等人[102]将主观逻辑中的不确定性进一步区分为先验（没有证据）和后验（证据失真），从而提出一种 3 值主观逻辑（3VSL）方法，并用于评估社会网络中实体间的信任关系，理论和现实场景实验表明，该方法比 Jøsang 信任模型更准确。

（3）基于贝叶斯概率论建模[103-106,82]。如 Teacy 等人[103]用概率来表示信誉的不确定性，开发的 TRAVOS 模型；Jøsang 等人[82]提出的利用贝塔分布作为先验分布的信任模型；Teacy 等人[104]提出了一种分层贝叶斯信任推理模型，该模型从客体或信息源行为间可观察的相关性，来克服不可信实体用新的身份来掩饰其较差信誉的缺陷，有效地提高了模型的抗欺诈能力。梁洪泉等人[105]以历史交互证据为基础，结合时效性因子和惩罚机制，利用动态贝叶斯网络自适应融合不同层次信息，提高了可信度量的灵敏性和准确性。但该类方法存在要求较强的独立性假设、代理间的满意度仅仅用 [0，1] 进行建模和在多准则系统中要准则间相互独立等诸多缺点。张绍武等人[106]从节点之间的相似性出发，在信任传播模型的基础上，结合贝叶斯条件概率公式，提出了基于概率的信任传播模型。

（4）基于模糊理论建模[79,107-108]。如文献 [79] 采用模糊数学中的梯形模糊数来描述信任的模糊性，运用概念树来定义信任类型的方法，以此对主体信任进行综合评判；文献［107］以模糊理论和图论为基础，提出了一种适应主体动态性的主观信任模型；文献［108］通过引入模糊逻辑推理的概念，定义了信任关系的连接、合并和更新运算，构造了一个开放式网络环境的主观信任模型。该类方法解决了概率模型中将主观性、模糊性等同于随机性的问题，但信任程度的隶属度往往因需要确定隶属度函数被"硬化"成精确值，以致信任关系在传递、推导等环节中丧失了模糊性。

（5）基于证据理论建模[109-111]。Singh[109]提出了分布式信任管理的证据模型，该模型通过节点评分建立的基本概率分配函数来表示信息中的不确定性，分析了信任传递的有效性，并利用 D‒S（Dempster‒Shafer）证据合成规则聚合所有推荐者的证据，从而避免了不确定性在信任传递时丢失的问题，但该模型也存在一些不足，如信任评估值武断而不渐变、可信门限值改变较敏感、将无证据等同冲突证据等。张琳等人[110]为了解决直接交互的时效性和推荐信息的可靠性、不一致性等问题，通过扩展 D‒S 理论提高信任模型的精确性和有效性。赵秋月等人[111]针对不同用户之间的信任关系强度不同，相同用户在不同领域内的信任关系强度也存在差异，信任关系的不确定性等问题，提出了一种基于改进 D‒S 证据理论的灵活直观的评估方法。

（6）基于云模型建模[112-114]。如文献［112］提出一种基于云模型的主观信任评价方法。该方法使用云模型数字特征中的期望和超熵，对具有随机性和模糊性的客体主观评价信息进行评判，能够较好地解决信任表达中模糊性和不确定性难题。文献［113］提出了多维信任云的概念，以便用户更好地表达需求和全面深入评估服务商的信任水平。文献［114］基于云理论提出了具有防御恶意攻击能力的动态安全信任管理模型。但以上方法需要主观信任云的历史交易构造云，而现有交易平台很少记录这样的历史信息，因此不利于在现实网络环境中推广应用。

此外，基于模糊多属性决策的信任模型[115,116]等也分别从不同角度对信任进行了建模，并取得了丰硕的成果。当然，信任管理相关文献综述较多[76,117-119]，限于篇幅在此不做详论。

三、信誉与信任

信任和信誉是近年来电子服务、电子商务领域中热点研究问题，信誉与信任虽然有对应关系，但也不完全等价。因为信任的决定因素很多，是一个主观信念，而信誉只是其中一种因素。对于信誉与信任的不等价问题，Jøsang（1998）[120]给出了两个实际范例进行了很好的说明：

1. I trust you because of your good reputation.

因为你的信誉好，所以我信任你。

2. I trust you despite your bad reputation.

尽管你的信誉不好，但是我还是信任你。

如果这两句话是针对同一个人和事，那么第一个表明我在知道你的信誉后，将自己对你的信任建立在这个信誉之上。而第二个表明我可能对你另外有一些接触、了解或具有亲密的社会关系等，这使得我在信任你时，不会考虑信誉的影响。这个例子也表明对信任产生的决定因素很多，而每个因素所起的决定作用大小都不一样，信誉也只是其中一种因素而已，信任最终还是个性化的主观现象。对于两者之间的关系，Resnick（2000）[121]认为：信誉是建立在大众基础上，关于实体历史行为的反馈，可以帮助社群中实体之间对所要交互事务的质量和可靠性进行判断和推荐，所以信誉是一种通过社会控制方式创建信任的方法。

由于信息处理、共享存在困难，建立在现实世界中的信任和信誉一般都是建立在一个局部的小社区范围内，而计算机系统可以将社区中的信息进行高效交换、共享，收集大范围信息，从而使电子社区信任与信誉系统建立也成为可能。研究电子社区信誉系统的目标是为了通过在线信息对信任和信誉进行度量，帮助用户建立信任关系。建立在线信任可以帮助用户决策，提高电子商务市场的交易效率。在线信誉产生于历史行为的反馈，所以是对应于行为信任的，信誉系统也只是创建信任的一种方法。

从以上的分析来看，信任和信誉既有区别，也有联系。信誉可以看成更广泛的信任，是社区群中对信任长期积累的结果。信誉既是信任的结果，又可以导致新的信任关系。在虚拟社区环境中，如果求信方和获信方彼此是陌生的，那么通过信誉获取获信方的可信度成为关键和有效的手段。所以我们可以认为，信誉度是可以反映可信度的。

第三节　信任模型

一、信任模型的概念与作用

信任模型是对信任系统工作方式的一种抽象描述，本质上是一种数学模型，是对主观信任进行定量分析的方法和规则集合。信任模型的研究重点在于针对特定的应用环境，基于实体获得的各种主客观证据，科学、合理、动态评估其他实体某种行为属性的可信程度，并根据评估结果结合控制措施为上层应用提供参考决策，保障整个网络服务的安全、可信与可控。

信任模型的研究内容有：信任关系的抽象描述、信任评估规则的制定、信任信息更新与维护以及信任控制策略设计等。其中需要解决的一些关键问题有：（1）如何形式化描述各种主客观信任证据；（2）尽可能科学、全面、合理地进行信任评估规则设计，其中，信任属性的算法体现是重点；（3）保障信任信息的完整、可信与安全，是网络可控性的具体表现。

信任模型应用于传统信息网络中的作用主要有以下几方面：（1）基于各种主客观信任证据的网络控制措施，使网络的控制基于可信来执行，从源头保证实体与信息的安全可信；（2）对网络实体的信任信息进行统一的规划和管理，解决了实体信任关系的建立、更新和维护的管理难题。同时，根据网络服务设计针对性控制措施，进一步保障网络的安全与可信可控；（3）实时动态的信任评估机制能保障网络实体的可信状态实时更新，确保信任具有时效性。

二、常见的信任模型

（一）客观信任模型

信任是一种主观的概念，但信任度可以通过一种客观的方式进行度量和评估，并且实体的可信度与信任评估的实施方没有关系，这种信任模型被称为客观信任模型。1996 年 Blaze 等人首次提出信任管理，其目标是"采用一种统一的机制描述和解释安全策略、安全凭证和信任关系，统一安全证书和安全策略的概念，能够用于直接询问和授权关键性安全操作"。此后信任管理就成了网络安全的研究热点之一。信任管理的内容包括：制定安全策略、获取安全凭证、判断安全凭证集是否满足相关的安全策略等。信任管理要回答的问题可表述为"安全凭证集 C 是否能够证明请求 r 满足本地策略集 P？"客观信任模型通常包括基于凭证的信任管理模型、基于信任的访问控制模型和基于公钥体系的信任机制，主要应用在基于信任的安全机制中。

典型的基于凭证的信任模型如 PKI 体系，需要依靠可信赖的第三方，采用层次结构的组织关系，因此可能导致单点失效的问题。已有的信任管理解决方案包括 PolicyMaker、KeyNote、REFEREE 等[122]，其中 PolicyMaker 是目前首个基于策略的信任管理系统，它提供了一种与应用无关的一致性验证算法，实现了服务请求、安全凭证和安全策略的匹配，但是它不具备安全凭证的收集和验证功能，因此可能会由于不充分或不完全的安全凭证收集而造成一致性验证失败。KeyNote 语言是 Blaze 提出的一种能够专门描述安全策略及安全凭证的语言，且能够进行安全凭证的一致性验证。REFEREE[123] 沿用了 PolicyMaker 中描述安全策略和安全凭证的方式，能够比较完备地实现信任管理各要素。

安全机制中的访问控制策略规定了在访问受保护资源时需提供的信任证书集，以避免敏感信息的泄露和非法用户的入侵。基于身份的信任管理模型能够弥补传统的访问控制模型如自主访问控制（Discretionary Access Control，DAC）、强制访问控制（Mandatory Access Control，MAC）和基于角色的访问控制（Role - Based Access Control，RBAC）中无法对用户行为进行评估的缺陷，在授权时综合考察用户角色和用户信任值，从而提供更加安全、灵活的动态访问授权机制。

（二）主观信任模型

信任管理解决方案的本质是使用一种精确的、客观理性的方式来描述和处理复杂的信任关系。但是一些国外学者，如 D. Gambetta[56]，A. Adul - Rahman[57] 等人，认为信任是一种经验的体现，是非理性的，并由此提出了一些信任模型，称之为主观信任模型。这些模型主要关注以下问题：（1）如何表达和度量信任度；（2）如何推导和计算由主观感知和经验体现的信任度。

根据信任的主观性本质，信任是求信方对获信方在未来可能发生特定行为的主观预期，因而受到求信方本身经验和获信方行为的两方面因素影响。为了实现信任评估，需要收集获信方的信任信息，也就是有关获信方的信誉推荐信息。因此，主观信任模型中，信任关系包括直接信任关系和间接信任关系，分别描述了求信方对获信方通过直接交互历史获得的信任关系，以及求信方对获信方通过经验推荐的反馈信息所获得的信任关系。反馈信息可以包含所有分散的经验信息或者一个集结的观点，前者能够节约带宽且扩展性更好，但是后者信息更全且具有更大的透明性。

（1）信任度表示方法

主观信任模型中一个重要的问题是如何用数学形式描述可信度的大小，即信任值的表示方法。目前已有研究中主要表示方法有：离散值、连续概率值、信念值以及模糊值等。根据模型建立的理论基础的不同又包括基于主观逻辑的信任、基于模糊逻辑的信任、基于贝叶斯理论的信任等。其中，离散信任值是指用离散的变量表示信任值，文献［124，125］采用了这样的离散信任模型。这里的离散值可以是两个值或两个以上值，两个值的情况仅用｛信任，不信任｝量化信任度，表2.2是用五个离散值表示信任度的例子。

表2.2　离散信任度表示方法示例

等级	不同评价等级描述
TN	完全不可信，拒绝使用
N	相当不可信，需要大量改进
A	平均水平的可信度，需要一定程度的改进
T	相当可信，可能在一定改进之后达到最佳
TT	完全可信，能够完全接受使用

连续概率信任值使用连续概率值表示信任度[61,126,127]，信任度被表达为一种概率，因此信任度的大小只在 [0, 1] 之间。假设实体 i 对实体 j 的信任度为 T_{ij}，则 T_{ij} 的值越大表示实体 i 对实体 j 的信任度越高，当 T_{ij} 等于 1 时表示完全信任；反之则信任度越小，0 表示完全不信任。基于 Dempster – Shafer 的信任模型是[128]一种从概率模型中分化出来的模型，该模型将概率分配给事件集和子集，包括两个值：信念值和似然值，分别表示某个给定事件集合的概率上限和下限，并基于此给出不确定度。根据 Dempster 的组合规则规定了如何对两个独立的观察者的观点进行组合。然而，该规则被许多研究者指出可能造成矛盾的结果结果，此后此后更多的组合规则被提出[129]。

信念信任值是指采用了信念表示实体的信任度。基于信念的信任模型由 Jøsang 等人提出[130]，使用 opinion 表示信任度，opinion 被定义为一个四元组 $\{b, d, u, a\}$，其中 b, d, u, a 分别表示信任、不信任、不确定和一个系数，该系数表示不确定在信任度中所占的比例，$b, d, u \in [0,1]$ 且 $b + d + u = 1$，此时实体的可信任度计算为 $b + au$。Jøsang 定义了一系列的操作符计算 opinion，如结合和分离两个 opinion 的操作符，以及共识和推荐操作符。然而，该模型并不能够适应除了有向串并联图结构之外的信任结构[131]。

模糊信任值的理论基础就是模糊理论，使用模糊化的数据表示信任度，其中隶属度相当于实体隶属于可信任集合的程度[132-134]。表示信任度的模糊集合中定义了不同信任度的子集合，这些子集合之间可能交叉而并不完全排他，因此需要用实体对各个模糊信任度子集合的隶属度向量表示实体分别以何种程度隶属于哪一个信任度子集合。

（2）信任推理方法

根据收集到的反馈评价数据计算信任度的方法即信任推理方法，目前常用的信任推理方法有反馈评分加权法、模糊推理方法和证据推理方法等。

反馈评分加权法是指对实体的直接信任值和间接信任值进行加权平均计算，分别赋予直接信任值和间接信任值不同的权重，两者权重值和为1。由于其原理简单易懂并且效率高，因此被大多数信任机制采用。

模糊推理方法计算信任度可以分为三个过程：模糊化、模糊推理以及反模糊化[18]。首先，通过隶属函数处理得到的反馈数据，分别归类到模糊集合中；其次，根据模糊推理规则对实体的信任度所隶属的模糊集合进行推理；最后，对推理结果进行反模糊化的过程得到实体的信任度。

证据推理方法则是利用证据理论的方法计算信任度，其主要特性是能够描述支持不同等级的信度，且直接引入了对未知的不确定性的描述[135-136]。该方法能够将实体所收集到的所有推荐信息作为证据，采用证据理论合成规则对这些证据进行融合。

总的来说，主观信任模型更为符合信任的主观本质特性，但是由于主观成分太多导致在实际使用时动态性和适应性较差，因此需要结合问题本身的上下文环境与信任机制共同产生作用。

（三）集中式的信任模型

集中式信任模型的体系结构如图2.4所示。在集中式信任模型中，存在一个功能强大的信任处理中心，所有节点在交易过程中涉及的信任信息，包括交易属性评价、交易反馈、交易综合评价等都会提交给信任处理中心进行集中处理。信任处理中心依据这些信任信息，按照给定的信任处理算法为每个节点计算声誉值，并进行发布。节点在选择其他节点进行交易时，首先要向信任处理中心查询该节点的声誉情况，结合自己的交互体验，决定是否与其进行交互。

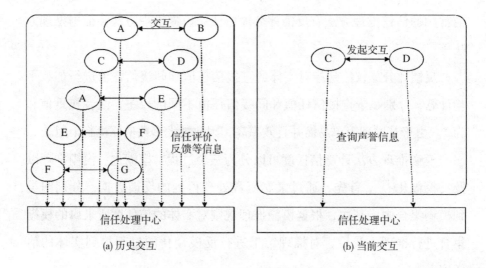

图 2.4　集中式信任模型的体系结构

典型的集中式信任模型应用平台有 eBay 和淘宝网，理论研究领域有 Rizvi S（2014）和 Hamouid K（2015）提出的集中式信任模型等。在淘宝网的信任平台中，用户和商家完成交易后，需要对商家的商品描述相符程度、商家服务态度、物流服务 3 个交易内容给予评价（具有 1 星 −5 星 5 个级别，分别对应 1~5 分），并由信任处理中心进行加权处理，最后得到该商家这 3 个方面的声誉值。

集中式信任模型的优点包括：（1）实现简单，只需要对信任处理中心进行信任模型的构建、更新和升级；（2）效率高，信任处理中心一般由功能强大的服务器实现，其处理能力和吞吐量非一般的计算机可比拟；（3）便于查询，信任处理中心会根据节点的交易过程、结果、反馈，生成平台中所有节点的声誉值，每个节点都可以向该处理中心查询其他节点的声誉值。

集中式信任模型的不足之处包括：（1）存在单点失效问题，如果信任处理中心瘫痪，那么整个交易平台都将无法正常运行；（2）容易发生网络拥塞，因为整个交易平台只有一个信任处理中心，要计算每个交易的信任信息和接受所有咨询节点的信任查询，因此容易发生网络拥塞；（3）容易受到攻击，集中式信任处理中心因为目标较为明显，较容易受到黑客和恶意用户的攻击；（4）忽视了信任的主观性，集中式信任处理中心为每个节点分配统一的全局声誉值，难以反映交易双方的自身交易体验。

（四）分布式的信任模型

分布式信任模型的体系结构如图 2.5 所示。在分布式信任模型中，节点采用信任自治的方式实现系统的信任管理，每个节点在交互完成之后，根据自身在交易中的体验给予对方交易评价和反馈，并按照相应的信任计算方法生成对方的信任值，然后将这些信任信息存储在自身的存储器中。

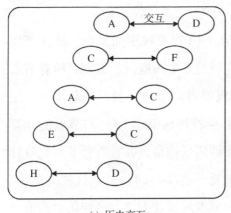

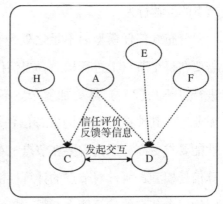

(a) 历史交互　　　　　　　　　　　　　　(b) 当前交互

图 2.5 分布式信任模型的体系结构

在图 2.5 中，当节点 C 希望和节点 D 发生交易时，可以通过分布式系统发送广播信息，咨询节点 D 的声誉信息。在收到节点 C 的声誉咨询信息后，与 D 曾经发生过交易行为的节点 A、E、F 便从存储器中读出它们对节点 D 的信任信息传送给节点 C，C 在接收到这些信任信息后，基于自己和 D 的交易历史，按照系统的信任模型计算出对 D 的信任值，然后决定是否进行交易。同样，节点 D 也会采用类似的步骤来计算 C 的信任值。目前有关分布式信任模型的研究有很多，较著名的有 EigenRep 模型[61]和 PeerTrust[60]模型等，较新的理论研究有 FR-TRUST 模型[139]和 EDTM 模型[140]等。

分布式信任模型的优点包括：（1）健壮性好。不存在单点失效问题，即使在一部分节点失效的情况下，整个系统仍然可以使用。（2）不易发生网络拥塞。在部分网络发生拥塞的情况下，仍然可以通过其他冗余链路进行正常的咨询和交互。（3）考虑了节点自身的交易体验。在计算对方交易节点的信任时，既考虑节点自身的交易体验，同时也考虑了其他节点的推荐行为。

分布式信任模型的不足之处包括：（1）实现更加复杂。信任模型需要在每个节点上进行构建，当信任模型发生改变时，需要对所有节点进行更新。（2）计算更加复杂。不仅要考虑节点自身的交易体验，还需要考虑其他推荐节点的推荐信任和推荐评估值。（3）对节点的计算性能要求更高。因为需要在节点上存储信任信息，并且需要节点自身计算信任模型，所以对节点的计算性能要求更高。（4）抗干扰能力更差。因为每个节点的计算能力有限，单个节点的抗攻击能力不如集中式信任模型的信任处理中心。

近年来，由于移动通信技术和移动社交网络的迅猛发展，分布式信任模型因为更加符合开放式网络环境下的信任计算需求，成为信任研究的主流体系结构，但在推荐节点的可信度计算、信任模型的设计方面，仍然需要进一步的研究。

第四节 上下文感知

一、上下文定义

自 20 世纪 90 年代上下文感知计算概念提出以来，研究人员在上下文获取与感知、上下文建模与表示、上下文存储与管理、上下文有效利用、如何构建支持上下文感知的系统框架等方面取得了许多研究成果[141,142]。但是目前，"上下文"还没有公认的定义。Dey 等人[141]给出的定义被广泛引用："上下文是用于描述实体状态的任何信息，其中，实体可以是人、地点或者与用户和应用程序之间交互相关的客体（包括用户与应用程序自身）"。

目前，在上下文感知的推荐系统研究领域，上下文也没有统一的定义，需要根据具体应用系统或者用户需求引入合适的上下文类型及其具体实例。例如，在面向信息检索的应用中[143,144]，上下文信息可以包括关键词关联的主题、用户检索任务等，还可以包括当前时间、位置、设备状态等；在面向电子商务个性化的应用中[145,146,147]，上下文信息可能包括用户购买意图、季节、时间、位置、周围人员、天气等；在电影、音乐、图像等多媒体信息推荐领域[148-152]，不同研究人员分别考虑到时间、位置、情绪、周围人员、设备类型、社会化网络等上下文因素。总体来看，常见上下文类型包括时间、位置、外界物理环境（如天气、温度等）、设备类型、周围人员、活动状态、目的/意图等，还有些系统考虑了情绪、计算平台、网络条件、社会化网络等更为广泛的上下文。此外，每种上下文类型所包含的具体实例也不尽相同。例如，时间上下文可以划分为上午、中午、下午、晚上，也可以按照年份、季节、时刻甚至用户自定义标准来划分。

二、上下文获取

在上下文感知推荐系统研究和应用领域，上下文获取过程处于系统的数据采集阶段，其获取方式主要包括[153]：

（1）显式获取：通过物理设备感知、用户问询、用户主动设定等方式，直接获取与用户、项目相关联的上下文信息。

（2）隐式获取：利用已有数据或周围环境间接获取一些上下文信息。例如，可以根据用户与系统的交互日志获取时间上下文信息。

（3）推理获取：需要使用统计学方法或者数据挖掘技术推理获得一些不能显式获取或者隐式获取的上下文信息。例如，可以利用朴素贝叶斯分类器或其他预测模型推理用户是在"家里"还是在"办公室"。

其中，显式获取的上下文信息最为精确，但通过这种方式难以获取大多数有意义的上下文[146]。因此，隐式获取和推理获取方式也显得比较重要。

由于面向各种不同的应用领域，不同类型的上下文信息对用户需求和推荐任务的影响程度是不同的，即有些上下文信息影响较大，有些则较弱或者无影响。因此在推荐生成之前，识别和获取那些对推荐任务确有影响的有效上下文是十分必要的。目前，这个方向的研究工作有Adomavicius 等人[148]指出，引入哪些上下文因素到推荐系统属于特征选择研究范畴，可以通过数据挖掘技术来解决，并进一步指出，对于特定应用来讲，应该由领域专家初始选定一些上下文因素及其属性特征，但他们并没有给出具体的解决方案；Setten 等人[156]则建议系统为用户提供可输入的规则（如"基于位置而不是价格，为我推荐咖啡馆"），使用户能够显式地指定其关注的推荐上下文因素；Yap 等人[146]曾提出利用支持向量机的方法动态识别最佳上下文集合，并进一步提出基于贝叶斯网络迭代筛选去除那些对用户偏好没有影响的上下文参数。

三、上下文建模

目前，在上下文建模方面有以下几种典型方法：键值对模型、标记语言模型、图模型、面向对象的模型、逻辑模型和本体模型[142]。在上下文感知推荐系统领域，目前大多数研究人员采用键值对、向量模型对单维度上下文和多维度上下文类型及其实例加以表示[148,153,154]。还有一些研究人员利用本体模型[149,157,158,159]、树/层次化模型[145,155]等来表示和计算上下文类型或者实例之间的关联或者距离。在上下文推理和关联关系计算方面，贝叶斯网络[145,146,160]、本体[157,149]、规则推理[157,161]等方法使用较多。上述方法各有优点：键值对、向量模型表示简单直观、易于展开数学计算；树/层次化模型能够表示各个对象之间的从属逻辑关系；贝叶斯网络能够构建推理不确定性概率的框架[160]；本体在领域知识表示方面具有良好的形式化表达能力，推理能力也较强[161,162]。

四、上下文感知计算

普适计算本质的特征就是透明，主要是指用户与计算机之间的交互可以不为用户所察觉。正如人们在交互过程中常常会有意识或无意识地利用交互环境中的可用信息，包括共同知识、氛围、情境、环境状况等上下文信息，用于减少人机交互以提高交互效率。在计算环境中存在着大量上下文信息可以用于减少或避免人—机或机—机之间的交互。这种蕴含的计算方式正是普适计算实现透明交互的重要途径，从而也发展成为一个独立的研究领域——上下文感知计算[163]。

Dey（1999）等人[164]将上下文定义为描述某个场景中实体特征的任何信息，实体是用户和应用程序交互中关联的任何对象，包括应用程序和用户自身。在开放的网络环境中，上下文是指通过软件运营监控所获得的所有相关背景信息[165]。如在服务环境中，以一个服务为视点，其信任上下文包括该服务运营的硬件和网络平台、用户操作以及包括地理位置、时间等环境因素，等等。这些上下文信息种类丰富，数量众多，表达方式多样，因此对上下文信息的建模表达是利用上下文信息的关键所在。在交易环境中，上下文信息不仅包括时间、空间、环境要素等信息，还包括用户自身对价格的模糊隶属度设定目标任务。上下文感知是指计算机系统自动地对上下文、上下文变化及上下文历史进行感知和应用，并自动、自主地进行推理、计算，以帮助自己的决策行为。在交易中，对于交易上下文信息的利用可以减少用户与计算机的交互、提高交易效率。

第五节　基于社会网络的推荐方法

基于社会网络的推荐方法也称为社会化推荐方法，是将社会网络理论应用于推荐系统中，将用户的社会属性如朋友、亲人、交流、爱憎等信息用于推荐决策，在缓解传统推荐系统的数据稀疏性和冷启动问题的同时，提高推荐系统的推荐准确度、效率及推荐的可靠性。

针对电子商务环境中交易实体间的信任关系难以量化计算、信任传递过程冗余复杂等问题，甘早斌等人（2012）[24]结合社交网络中的认知理论和方法，分析电子商务实体间的关系及交易相关属性，将节点间的关系进行类型区分，将节点分为以下 6 种类型：

（1）S 为源节点集合，$S = \{s \mid s \in N,$ 且 s 为源节点$\}$；

（2）T 为目标节点集合，$T = \{t \mid t \in N,$ 且 t 为目标节点$\}$；

（3）I 为中间节点集合，$I = \{i \mid i \in N, i \notin S, i \notin T\}$；

（4）R 为推荐关系节点集合，$R \subset N$；

（5）F 为朋友关系节点集合，$F = \{i@j \mid i,j \in N\}$，其中 @ 表示节点的信任关系程度；

（6）Tv 对应于 F 中朋友关系之间的信任值集合。

然后基于这些节点类型，提出了 3 条节点关系处理优化规则 RN、CNM、$CWBN$，并生成了一套电子商务信任网络构造和优化算法，通过仿真实验验证，表明该算法可以有效降低信任评估算法的复杂度，为信任传递和信任计算提供更好的理论研究基础。

Jøsang A 等人（2006）[166] 则对信任领域、信任传递属性等内容进行分析，提出了一种基于主观逻辑理论（TNA‑SL）的信任网络构建和优化方法，该方法将信任网络作为一个直接联通图（DSPG）进行处理，将用户之间的推荐可信度作为参考信任，将用户能够执行某种行动作为功能信任，采用启发式搜索方法生成并得到一个最优 DSPG，完成信任网络的构建和优化。信任网络中节点的声誉值采用公式（2.1）进行计算。

$$R^t(Z) = E[beta(\rho^t(Z))] = \frac{r + 2a}{r + s + 2} \qquad (2.1)$$

$R^t(Z)$ 为节点 Z 在时刻 t 的声誉值，a 表示信任网络中所有节点的基本声誉值，r 和 s 表示节点 Z 在过去时刻被观察到的正面和负面评价次数。

Zhiyuan Su 等人（2014）[167] 则对现有的信任传递模型进行梳理，比较它们在 5 种常见电子商务攻击模式下的表现。结果表明，不管是在限制条件信任传递过程中还是在统一条件信任传递过程中，引入节点的相似度因素都能够有效提高信任模型的抗攻击能力。并且，在这两种信任传递模式中引入时间衰减因子，也可以提高信任模型的抗共谋攻击能力。

结合传统推荐系统的概念，基于社会网络的推荐方法研究的问题为：在具有确定性社会关系的用户群体中，根据用户的项目评分矩阵，为用户推荐满足其个性化需求、效用度最大的项目集 $I^{*[204]}$。如公式2.2所示。

$$I^* = argmax_{i \in I}(\mu + \alpha\mu(\mu_x, i) + \beta\frac{1}{Y}\sum_{y}^{Y}\mu(\mu_y, i)) \ \forall \ \mu_x \in U \ (2.2)$$

其中，U 为所有用户的集合，I 为所有项目的集合；设 $G = (g_{i,j})_{m \times m}$ 为所有用户社会关系矩阵，映射 $\mu: U \times I \rightarrow R$ 为推荐结果的评价效用函数，其中，R 是一定范围内的全序非负实数集，称为推荐的效用值。$Y = |\mu_y | \mu_y \in U, x \neq y, g_{x,y} \neq 0, g_{x,y} \in G|$ 表示与用户 μ_x 存在社会关系的用户总数。

Yan Wang 等人（2015）[168]将用户的个人偏好和领域熟悉度作为独立社交上下文，将用户间的信任、社交亲密度和交互上下文作为依赖社交上下文，提出了一种新的概率方法来计算用户间的上下文信任度，然后进行服务推荐，并根据推荐结果来更新用户社交网络的信任数据和偏好数据。Magdalini Eirinaki 等人（2013）[169]基于友谊、信任、不信任因素来计算用户间的直接联系，而利用用户评论、兴趣和不感兴趣等因素来计算用户间的隐含联系，综合生成用户的个性化声誉及信任值，最后为目标用户进行服务推荐。Shuiguang Deng 等人（2014）[16]利用矩阵分解方法来计算社交网络中的用户信任程度，然后采用扩展的随机游走算法来为目标用户进行服务推荐。张志军等人（2015）[20]基于用户的移动社交网络及上下文信息，提出了一种融合多维异构上下文信息的服务推荐算法，为目标用户进行下一个时间的位置兴趣点推荐。

第三章

反名声合谋方法研究

基于多数名声系统中两到三人合谋的现象，提出反名声合谋（Auti-conspiracy of Reputation，ACR）简便算法，通过计算个体间的评分平均分及评分相似性等手段识别合谋个体（Conspiracy Peer，CP），并进行相应的名声纠正。但此算法无法区分合谋小组和高信任度小组（High Trusted Group，HTG），进而我们采用信任矩阵（Trust Matrix，TM），分别计算个体的组内和组间名声，并根据个体间关系决定信任判断采用的名声，使 ACR 兼容 HTG。实例分析表明，两种方法对 ACR 都是有效的。本章内容根据文献［260］整理而成。

第一节　反名声合谋

名声系统[170]作为一种电子商务社区（E－Commerce Community，ECC）的信任手段，有助于交易各方建立信任。而各种名声欺诈问题，如洗白、诽谤、合谋等，对名声系统有很大破坏。合谋欺诈是 ECC 中的个体组为了个人利益在组内个体交易后彼此给予很高的评分，使组内个体的名声迅速膨胀，而对组外个体给予不公正的评分使之名声受到影响。为此，人们提出了很多反名声合谋（ACR）欺诈的方法。文献［171］提出采用合作过滤算法来消除不公正高评和积极歧视的影响，但会受不公正低评的影响，结合匿名控制后仍会出现小的负面偏差。文献［172］提出采用加权多数算法来侦察欺骗，以避免恶意个体不公正高评分或低评分，但此种算法实现困难且权重设置难以确定。文献［60］通过设立反馈可靠性因子和环境因素处理不诚实反馈和缺少反馈激励的问题。可靠性因子采用了评分相似性函数来消除歧视性评分的影响，但当目标个体和请求个体的评分者不存在共同交易或交易数很少时，将出现较大偏差，无法完全避免合谋欺诈。文献［173］提出了适用于 P2P 环境的基于相似度加权推荐的全局信任模型，该模型对几类典型的协同作弊行为有一定的识别和遏制能力。文献［174］用组信任来实现 P2P 环境下的安全存取控制，并提出用信任矩阵表示组信任。

本书借鉴前述方法提出了两种 ACR 方法以识别交易中合谋个体（CPs），减少 CPs 对名声系统中其他个体名声的影响，即简便 ACR 法和兼容 HTG 的 ACR 法。前者便于使用，后者在抑制名声合谋的同时防止 HTG 被误判为合谋小组（兼容 HTG）。

第二节　基本假设和术语

一、假设

由于多人合谋难以保密，易被识破，因此 ACR 简便算法主要研究 3 人以内的合谋，通过计算个体间的评分平均分及评分相似性等手段识别合谋个体，并进行相应的名声纠正。分为两种情况：一种是两个人之间的，两个个体通过不断地交易互相提高彼此的名声，而给其他与之交易的个体打低分，使得这两个个体的名声迅速膨胀，获得更多个体与之交易的机会，见图 3.1（a）；另一种是 3 个人之间的，3 个个体彼此互相吹捧，使得 3 个个体的名声迅速膨胀，和两个个体之间合谋情况类似，见图 3.1（b）。

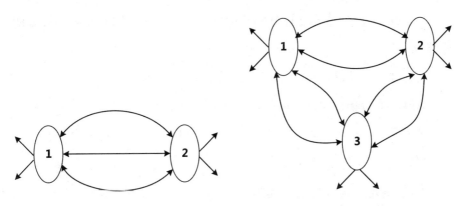

（a）两个个体之间的合谋   **（b）3 个个体之间的合谋**

图 3.1 个体合谋情况

HTG 是指组内个体之间互相有很高的信任评分，但对其他组个体的信任评分则比较低。

本模型采用 10 分制评分，对交易伙伴越满意则评分越高，最好为 10 分，最差为 0 分。

二、术语

p_i：ECC 的第 i 个个体。

$P_i(i = 1,2,\cdots,n)$：ECC 中个体集合。

R：名声集合。

$r(i,j,t)$：第 t 次交易后个体 i 给个体 j 的评分。注意 $r(i,j,t) \neq r(j,i,t)$。

$\overline{r(i)}$：所有个体对 i 的平均评分。

$\overline{r(i,j)}$：个体 i 对个体 j 的平均评分。

$\overline{r'_j(i)}$：除个体 j 外，其他个体对 i 的平均评分。

$\text{sim}(i,j)$：个体 i、j 评分的相似度，即 i、j 对共同交易个体评分的相似性。

$TT(i)(i = 1,2,\cdots,n)$：与 i 交易过的个体集。

$N(i,j)(i,j = 1,2,\cdots,n)$：$i$ 与 j 的交易总数。

$TIJ(i,j)(i,j = 1,2,\cdots,n)$：与个体 i 和 j 共同交易过的个体集，显然，$TIJ(i,j) = TT(i) \cap TT(j)$。

G_k：满足一定条件的个体组。

$PPT(p_i,p_j)$：p_i 对 p_j 的信任评分，定义为：当个体没分组时，$PPT(p_i,p_j) = \overline{r(p_i,p_j)}$；当个体已经分组且 p_i 与 p_j 在同一组时 $PPT(p_i,p_j) = \overline{r(p_i,p_j)}$，否则为 N/A（空值）。

$PR(p_k)$：个体 p_k 的组内名声，为组内其他个体对它的评分平均值。其定义如下：当个体没被分组时，$PR(p_k) = \sum_i \overline{r(p_i,p_k)}/(|N| - 1)$，（$p_i \neq p_k,N$ 为 ECC 的个体总数）；当个体已分组时 $PR(p_k) = \sum_i \overline{r(p_i,p_k)}/((|G_j| - 1)\max(\overline{r(p_i,p_k)})),p_i \neq p_k,p_i,p_k \in G_j,|G_j|$ 为 p_k 所在组的个体总数。

$GGT(G_i,G_j)$：组间信任，指组 G_i 对组 G_j 的信任或是组 G_i 的个体对组 G_j 的个体的信任均值，定义为 $GGT(G_i,G_j) = \sum_{i,j} \overline{r(p_i,p_j)}/(|G_i| \times |G_j|)$（其中，$p_i \in G_i$ 且 $p_j \in G_j$，$|G_i|$、$|G_j|$ 分别为组 G_i、G_j 的个体总数）。

$GR(G_k)$：组 G_k 的名声，为其他组对组 G_k 的信任值的平均值，定

义为 $GR(G_k) = \sum_i GGT(G_i, G_k)/(|G| - 1)$（其中 $|G_i| \neq |G_k|$，$|G|$ 为 ECC 中组的总数）。

图 3.2 为一个由个体组组成的虚拟交易社区网络及其个体的 PPT、GGT、PR、GR 之间关系示意图。

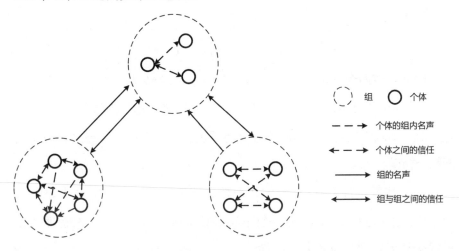

图 3.2　不同类型信任和名声的图形化表示

第三节　简便 ACR 算法

一、算法

（1）计算个体 i 对 j 交易评分的平均分。

$$\overline{r(i,j)} = \frac{\sum_{t=1}^{T(i,j)} r(i,j,t)}{N(i,j)} \tag{3.1}$$

（2）计算所有个体对个体 j 交易评分的平均分，即个体的名声。

$$\overline{r(j)} = \frac{\sum\limits_{i \in TT(j)} \overline{r(i,j)}}{\mid TT(j) \mid} \tag{3.2}$$

（3）计算除个体 i 之外的其他个体与个体 j 交易后对 j 交易评分的平均分。

$$\overline{r'_i(j)} = \frac{\sum\limits_{k \in TT(j) \cap k \neq i} \overline{r(k,j)}}{\mid TT(j) \mid - 1} \tag{3.3}$$

（4）比较两个平均值，如果 $\mid \overline{r(j,i)} - \overline{r'_j(i)} \mid \geq \theta_1$ 且 $\mid \overline{r(i,j)} - \overline{r'_i(j)} \mid \geq \theta_1$（$\theta_1$ 为一个评分不正常的判断阈值，由名声管理系统根据交易场景预先设置）时，则认为这两个个体的评分可能不正常，并需进一步通过相似性判断是否合谋。

（5）比较个体 i 和 j 评分的相似性，如果 $\theta_2 \leq \mathrm{sim}(i,j) \leq 1$，则认为个体 i 和 j 为 CPs。（θ_2 为一个评分相似的判断阈值，由名声管理系统根据交易场景预先设置）

$$\mathrm{sim}(i,j) = 1 - \sqrt{\frac{\sum\limits_{p \in TIJ(i,j)} (\overline{r(i,p)} - \overline{r(j,p)})^2}{\mid TIJ(i,j) \mid}} \tag{3.4}$$

（6）如果识别到 CPs，则纠正所有个体所得的评分。先计算平均偏差 δ_1 和 δ_2，如果 $\delta_1 \geq \delta_2$，则 CPs 之间的评分减去 δ_2，CPs 给其他个体的评分加上 δ_2。否则 CPs 之间的评分减去这个 δ_1，CPs 给其他个体的评分加上 δ_1。

$$\delta_1 = \mid \overline{r(i,j)} - \overline{r'_i(j)} \mid \tag{3.5}$$

$$\delta_2 = \mid \overline{r(j,i)} - \overline{r'_j(i)} \mid \tag{3.6}$$

（7）根据纠正后个体的评分，利用公式（3.2）重新计算每个个体的名声值。

算法中，个体间的评分样本可通过时间窗来调整，一般取最近一段时间或最近若干次的评分。

二、算法效果分析

（一）算法应用

我们用一组评分实例，分别计算采用本算法和未采用本算法的个体名声，以分析该算法的效果。实例假定社区中进行交易的个体为 10 个，用字母 A～J 来表示，且个体 A、B 在一个时间窗口内频繁交易，设 $\theta_1 = 2$，$\theta_2 = 0.5$。分析步骤为：

（1）收集个体间的交易评分，见表 3.1，格中的数据为纵向个体对横向个体的交易评分。

表3.1 个体间的交易评分情况表

评分	A	B	C	D	E	F	G	H	I	J
A		(9, 8, 8, 10, 9, 10, 8, 8, 9, 9)	(1, 2)	(1, 2)	(1, 2)	1	1			
B	(8, 9, 10, 9, 9, 9, 10, 9, 8, 9)		1	1	1			1	1	1
C	(5, 6)	6		(7, 8)	8					
D	(4, 5)	5	(6, 7)		7	6	(7, 7)			
E	(5, 6)	6	5	6				6	8	
F	6			6			5	6	7	7
G	5		7	(5, 6)		8		6	5	6
H		4	5	6	7	7	7		8	5
I		5		7	6	8	7	6		8
J		6			7	6	8	5	7	

（2）根据表 3.1 的数据及公式（3.1）、公式（3.3）计算 B 对 A 的交易平均分，以及除 B 外其他个体对 A 交易评分的平均分。$\overline{r(B,A)} = 9$，$\overline{r'_B(A)} = 5.25$。

（3）根据公式（3.5）、公式（3.6）计算两个均值差的绝对值，很明显 $\delta_1 = 3.75$，$\delta_2 = 3.77$ 都大于 $\theta_1 = 2$。

（4）计算 $sim(A,B)$，其中 $TIJ(A,B) = \{C,D,E\}$，则 $sim(A,B) = 0.592 > \theta_2$，说明两个个体对其他个体的评分非常相似，个体 A 和 B 为合谋个体（CPs）。

（5）调整所有的个体名声（PRs）。据个体交易评分，计算未识别 CPs 时各个体的名声值，见表 3.2。在识别了 CPs 时先纠正个体评分。根据算法，由于 $\delta_1 = 3.75$，则合谋个体间的评分减去 3.75，合谋个体给其他个体的评分加上 3.75，纠正评分后个体的名声值，见表 3.3。

表 3.2　未识别合谋个体情况时个体名声值

个体	A	B	C	D	E	F	G	H	I	J
名声值	7.33	7.5	4.2	5	4.75	6	6	5	6	5.4

表 3.3　纠正评分后个体的名声值

个体	A	B	C	D	E	F	G	H	I	J
名声值	5.24	5.14	5.28	6.02	6.15	6.625	6.54	5.625	6.625	6.15

最终合谋个体 A、B 的名声值下降，而其他受其影响的个体的名声值则上升。说明简便 ACR 模型可以使名声系统更加健壮。

（二）与合作过滤算法比较

在合作过滤算法中，个体的评分分成两个集合：包含公正评价的集

合 N_l 和包含不公正评价的集合 N_u。根据表3.1和合作过滤算法中 N_l、N_u 的划分方法，可对其他个体对每个个体的全部评分进行划分，见表 3.4。按照合作过滤算法根据集合 N_l 中的评分计算个体名声值，见表3.5。

表 3.4　合作过滤中对个体评分集合划分

个体	A	B	C	D	E	F	G	H	I	J
N_l	(5, 6, 4, 5, 5, 6, 6, 5)	(6, 5, 6, 4, 5, 6)	(1, 2, 1)	(1, 2, 1)	(1, 1, 1)	1	1	1	1	1
N_u	(8, 9, 10, 9, 9, 9, 10, 9, 8, 9)	(9, 8, 8, 10, 9, 10, 8, 8, 9, 9)	(6, 7, 5, 7, 5)	(7, 8, 6, 6, 5, 6, 6, 7)	(8, 7, 7, 6, 7)	(6, 8, 7, 8, 6)	(7, 7, 7, 7, 8)	(6, 6, 6, 6, 7)	(8, 7, 5, 8, 7)	(7, 6, 5, 8)

表 3.5　合作过滤处理后的个体名声值

个体	A	B	C	D	E	F	G	H	I	J
名声值	5.25	5.33	1.33	1.33	1	1	1	1	1	1

将表3.5和表3.3的数据进行比较，可以看出该算法对合谋个体本身的名声有一定的作用，但是不能解决合谋个体对其他个体名声的影响，表3.5的其他个体的名声变得非常低。

第四节　兼容 HTG 的 ACR 方法

一、算法及应用

限于篇幅，以下结合前述实例简要介绍兼容 HTG 的 ACR 方法的思想与应用效果。

简便 ACR 算法可以减少 CPs 对其他个体名声的影响，但该算法不能区分 HTG 和 CPs 小组。因此，我们引入信任矩阵（TM）来解决这个问题。下文中通过实例说明本算法的应用。

按一定规则（如交易额大小）将个体分组，得到分组后的 TM，再根据 TM 推算出组内名声和组名声。在组间个体交易时根据组名声来判断，组名声通常不受组内个体间评分的影响。这就使得合谋欺诈无效。这种方法可以兼容 HTG，使 HTG 内个体之间的信任度保持，而不会被误判为合谋小组。

假设组是动态调整的，但是在特定时间内个体只可以属于一个组。由于一些个体之间没有交易，所以 TM 中有些值为空（N/A）。在算法中，TM 中非空值的个数要大于特定的阈值来表示每个组的组内成员之间有一定的交易。TM 创建步骤如下：

（1）基于信任和名声模型创建个体间的 TM，即根据个体的交易评分来建立矩阵。

（2）如果 TM 为空，则初始化组之间的交易来创建矩阵。如果 TM 不为空，但是 TM 中的值小于阈值，则初始化组间的最小交易来创建矩阵。如果矩阵有足够的数据计算 GGT，则进入（3）。

（3）用这个矩阵来计算 GGT。

采用新的反合谋方法后，一个个体有三个名声：全局名声，局部名声和组名声。

具体来讲，根据个体间的交易评分情况表，见表 3.1，建立 TM，个体 A 和 B 为组 G1，个体 C，D，E 为组 G2，个体 F，G，H，I，J 为组 G3。分组后 TM 见表 3.6，根据得到的组 TM 计算组间 GGT，见表 3.7。根据 TM 和组 TM 计算每个个体的 PR 及 GR，见表 3.8。

表 3.6 分组后的信任矩阵

评分		G1		G2			G3				
		A	B	C	D	E	F	G	H	I	J
G1	A		(9,8,8, 10,9,10,8 ,8,9,9)	(1,2)	(1,2)	(1,1)	1	1	N/A	N/A	N/A
	B	(8,9,10,9, 9,9,10,9, 8,9)		1	1	1	N/A	N/A	1	1	1
G2	C	(5,6)	6		(7,8)	8	N/A	N/A	N/A	N/A	N/A
	D	(4,5)	5	(6,7)		7	6	(7,7)	N/A	N/A	N/A
	E	(5,6)	6	5	6		N/A	N/A	6	8	N/A
G3	F	6	N/A	N/A	6	N/A		5	6	7	7
	G	5	N/A	7	(5,6)	N/A	8		6	5	6
	H	N/A	4	5	6	7	7	7		8	5
	I	N/A	5	N/A	7	6	8	7	6		8
	J	N/A	6			7	6	8	5	7	

表 3.7　带有 GGT 的信任矩阵

评分		G1		G2			G3				
		A	B	C	D	E	F	G	H	I	J
G1	A		(9,8,8, 10,9,10, 8,8,9,9)	1.22			0.5				
	B	(8,9,10, 9,9,9,10 ,9,8,9)									
G2	C	5.33		(7,8) 8			2.125				
	D			(6,7) 7							
	E			5　6							
G3	F	2.5		3.875			5	6	7	7	
	G						8		6	5	6
	H						7	7		8	5
	I						8	7	6		8
	J						6	8	5	7	

表 3.8　个体组内名声及组名声

个体	A	B	C	D	E	F	G	H	I	J
PR	9	8.8	6	6.375	7	7	7.2	6.2	7	7
GR	3.915		2.5475			1.3125				

表 3.8 很好地反映了以下情况：分组时以交易额大小为标准，G1 是交易总额较大的个体集，G2 是交易总额中等的个体集，G3 是交易总额较低的个体集，分别对应于现实生活中的大、中、小三类企业集合。大企业与大企业之间比较信任，而大企业对小企业的评价则较低，这使得大企业组成的小组的组内个体名声较高，而小企业组成的组的名声较

低。但由于个体在内部名声很高，企业内部个体间在交易时只关心组内名声，不受组名声低影响。因此，该方法既反合谋，又不将高信任小组（HTG）误判为合谋个体。

二、两种方法比较

我们将结果和简便 ACR 算法的结果比较可以得到这样的结论：当两个个体真的为合谋时，两种方法都可以减少合谋个体对其他个体名声的影响。当个体不是合谋但是 HTG 时，其组内个体间评分都很高，简便算法易将其判为合谋小组，降低个体的名声，从而影响个体之间的交易；而后一方法中，个体组内名声不受组外个体评分的影响，受影响的只是组名声，交易时根据个体间组间关系决定信任判断采用的名声，HTG 内部的交易只参考组内名声，保证了符合实际的较高信任值。但是，简便 ACR 算法便于使用，而后者实现较复杂。

注意，兼容 HTG 的 ACR 可以应用于多人合谋。

第五节 本章小结

本文在反名声合谋方法研究上取得了一些进展，但有些问题有待进一步研究，主要有：（1）该模型仅针对合谋的情况设计，而名声系统中存在的名声欺诈是多种多样的，这就需要该模型与反其他类型欺诈的方法结合。（2）该模型未将交易额结合进名声系统中，将交易额结合进模型中，以克服一种常见的欺诈行为：合谋个体通过许多小金额的交易来建立好的名声，然后在大金额的交易中进行欺骗等。（3）该模型的名声值只是一个一元值，在今后的模型研究中可以考虑将个体名声用二元值来表示。

第四章

一种抗欺诈的 **C2C** 卖方信誉计算模型

　　针对 C2C 信誉模型中小额商品信誉炒作、信誉共谋、信誉诋毁等问题，引入交易价格、反馈可信度、共谋因子等参数，提出一种买方视角下抗欺诈的卖方成员信誉计算模型（Consumer to Consumer Reputation，C2CRep）。实验中通过收集网络交易数据，定义可疑欺诈的基本特征对数据进行抽取，并设定信誉计算误差（Reputation Compute Error，RCE）指标检验由欺诈行为带来的信誉值在社区信誉所占比例来检验模型的应用效果。结果表明，C2CRep 在 3 类不同比例的欺诈行为中，RCE 明显低于 SPORAS 与淘宝信誉模型，且 RCE 值在 3 类实验中都低于 15%，抗欺诈性强。本章内容根据文献[259]整理而成。

第一节　信誉计算模型

　　电子商务模式 C2C 是指消费者对消费者、个人对个人的电子商务。目前关于电子商务系统中基于信誉的信任管理问题的研究比较多，多数是 Gahill 等人 2003 年提出的一种根据实体的历史行为预测该实体未来行为可信度的一种主观信任管理[175]。信誉是一个来自第三方推荐代理的推荐聚合，信誉技术已经能够在买方和卖方之间产生信任[176]。当前信誉的计算模型主要有以下几种：

（1）基于推荐合成的信誉系统。一种是以 eBay（http：//www.ebay.com），淘宝（http：//www.taobao.com）为代表，累计所有评价得分作为双方的信誉。另一种是 Zacharia 等人[177]对 eBay 方法进行改进后提出的 SPORAS 信任模型。该模型考虑了评分人信任度，但没有涵盖交易价值、评价时间等在线信任影响因素，致使 SPORAS 信任模型受到信誉波动等恶意行为的攻击。王茜等人[178]对恶意推荐和小额信誉累计欺骗问题提出一种 P2P 电子商务信任模型。

（2）贝叶斯概率信誉模型。代表性研究是 Mui[179]等人基于贝叶斯概率方法，利用交易双方交易历史信息以及信誉信息来推导用户信任度。Jøsang 等人[166]研究了基于贝叶斯理论的信誉系统以及基于主观逻辑的信任模型，并进一步讨论了如何将基于贝叶斯理论的信誉系统和基于主观逻辑的信任系统进行拟合。

（3）模糊信誉模型。Sabater 等[180]和 Kamal 等[181]用语言学的模糊概念来表达信誉，隶属函数描述一个代理在多大程度上被认为是可信或不可信的。

（4）社会网络模型。Xiong 等[60]研究了 P2P 社区中的信誉相关的模型，提出 PeerTrust 基于信誉的信任支持框架。路松峰等[182]提出基于社会网络节点信誉相关的信任模型。

目前 C2C 电子商务网站（易趣、淘宝等）都使用了基于集中反馈的信誉计算系统，信誉管理机制中主要存在缺陷有以下几点：

（1）小额商品信誉欺诈。即卖家通过大量地出售低价产品来快速获得较高的信用等级。

（2）信誉诋毁。即恶意成员为打击竞争对手故意进行一些交易并给出差评，以降低对手的信誉，如网络上出现的"差评师""反馈敲诈"现象。

（3）信誉共谋。是指恶意成员之间互相进行交易，并相互好评，从而提高彼此的信誉。虽然信誉管理已经有非常多的研究，但多数是基于

P2P 网络。由于在 C2C 社区中成员买卖行为分别指两种成员，并不等价于很多 P2P 社区中的节点行为，而且信任具有非对称性[69]，即成员 A 对 B 在特定背景中具有某个信念并不等价于 B 对 A 在相同背景下有相同的信念。所以本文所研究的 C2CRep 信誉计算模型是在买方视角下，进一步平衡了小额产品信誉欺诈、信誉诋毁、信誉共谋参数的计算模型。

卖方计算信誉模型仍以评价反馈作为计分依据，计算包括的主要参数见本章第二节中的参数描述。

第二节　C2CRep 信誉模型

一、参数描述

参　数	说　明
上期信誉值 R̃	卖方成员信誉的历史累积，是成员历史行为的一个表现，在更新本期信誉值的时候，应该考虑上期信誉值，如果是一个新注册的成员参加交易时，R̃ 为信誉的初始值 0
交易价格 V	可以防止卖家通过大量小额交易提高信誉，从而进行大额的欺诈。但商品价格高低是相对的，所以商品价格应该相对卖方店铺产品而言。但本期交易价格如果高于往期商品平均价格的一定阈值，则进行相应的信誉折算和惩罚
反馈值 F	在 C2C 社区，交易双方在交易完成后互相评分，好评为 1 分，中评为 0 分，差评为 −1 分，评分值代表了本次交易的满意度
反馈可信度 C	避免错误反馈对信誉的改变，信誉高的买方给出的反馈更可信，能在一定程度上防止一些利用新申请的账号进行信誉诋毁。所以反馈可信度与评价者信誉正相关。而"习惯性"差评的成员反馈可信度低，所以与成员历史的负面反馈数量负相关。同样这个参数的引入对解决"反馈敲诈"问题有一定作用

参　数	说　明
共谋因子 T	避免一个用户对另一个用户信誉影响过大，或者两个人相互共谋信誉。持续交易虽然在一定程度上有共谋的可能性，但也反映稳定的信任关系。所以同一评价者对卖家信誉提高的贡献应该与交易次数成反比

在以上参数中，与其他信誉模型[195,196,60,200]相比最大的改进是对交易价格 V 的界定是相对的，即通过店铺的差异性，对价格区间进行相对的定义。反馈可信度 C 计算时除了与评价者信誉相关，也与成员历史差评数量负相关，进一步防止信誉诋毁。此外，增加了共谋因子 T 即考虑了共谋交易带来的信誉欺诈，也兼顾了达成持续交易是对卖方信誉稳定的认可。

二、模型建立规则

规则一：买卖双方信誉计算形式不对称，在对卖方信誉计算时是从买方角度考虑，主要是降低交易风险，防止信誉欺骗，所以实行平衡交易价格、反馈可信度、共谋因子的反馈计算方式。而卖方在选择买方交易时，更重要的是利益驱动，买方信誉虽然对卖方信誉计算有一定影响，但新模型中考虑了更多参数，所以为鼓励成员进行在线购物，买方信誉实行直接信誉合成的方法。

规则二：信誉值 R 与信誉等级 H 对应。信誉值是所有交易反馈的汇总值，并划定相应的区间 $\{H_1, H_2, \cdots, H_n\}$ 设定不同的信誉等级。

规则三：交易双方信誉随交易反馈更新。成员 j 的信誉值 R_j 是随着新的交易反馈 F 而变化的。

规则四：每次交易，交易双方只能进行一次评价。

规则五：交易双方成员信誉的下降底线为 0，如果下降到低于初始信誉，成员可以重新注册。

三、C2CRep 信誉模型

本期信誉值通过往期信誉和新交易反馈计分来计算，公式如（4.1）：

$$R_j = R'_j + \varphi \times F_{i \to j} \tag{4.1}$$

其中

$$\varphi = \left(w \times C_i + (1 - w) \times \frac{V_{ij}}{VM} \right) \times T_{ij} \tag{4.2}$$

（1）R_j 代表成员 j 信誉值。

（2）R'_j 代表成员 j 上期的信誉值。

（3）$F_{i \to j}$ 代表本期交易用户 i 对 j 的反馈评价。

（4）公式（4.2）是商品价格 V，评价者可信度 C，以及共谋因子 T 这 3 个参数的计分平衡函数。

（5）公式（4.2）中的 C_i 是评价者 i 的可信度，计算公式为（4.3）。

$$C_i = \frac{H_i}{HM} \times \frac{n(f < > -1)}{n} \tag{4.3}$$

H_i 为评价者 i 的信誉等级，HM 为社区中最高信誉等级，$n(f < > -1)$ 表示往期给出的非负评价数，$\frac{n(f < > -1)}{n}$ 表示非负评价所占比例。

（6）公式（4.2）中 $\frac{V_{ij}}{VM}$ 是对商品价格进行归一化处理，其中 V_{ij} 表示 i 和 j 本期交易产品额度，VM 代表成员 j 所出售商品的最高价格。

（7）公式（4.2）中 w 为交易价格与反馈可信度对信誉影响的一个

权重值，可由系统设置。

（8）公式（4.2）中 T_{ij} 表示 i,j 交易者之间信誉共谋程度，公式如（4.4）：

$$T_{ij} = \left(\frac{1}{n(f_{ij} = F)} \right)^{\alpha} \tag{4.4}$$

其中 $n(f_{ij} = F)$ 表示成员 i 对 j 做出反馈评价为 F 的数量，α 为 $[0, 1]$ 的一个调节系数，当评价次数 $n(f_{ij} = F)$ 从 1 到 15，α 取 1，0.5，0.33 时，共谋因子 T_{ij} 值变化如图 4.1，同一交易者评价次数越多，对买方信誉提升的影响力越小。

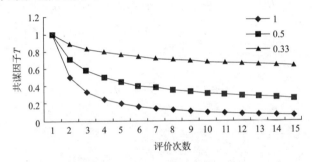

图 4.1　不同 α 取值的信誉增长

所以模型的综合表示为公式（4.5）：

$$R_j = R'_j + (w \times \frac{H_i}{HM} \times \frac{n(f <> - 1)}{n} + (1 - w) \times \frac{V_{ij}}{VM})$$

$$\times \left(\frac{1}{n(f_{ij} = F)} \right)^{\alpha} \times F_{i \to j} \tag{4.5}$$

四、信誉惩罚

在上述模型中，虽然可以防止卖家在高价商品与低价商品同时销售时，靠低价销售获取高信誉的行为，但是如果卖家只在店中销售低价商品，$\dfrac{V_{ij}}{VM}$ 值越接近 1，卖方仍然可以以这种方式获取信誉，等信誉提高后，再销售高价商品。为此系统将检测一旦卖方销售高于平均价格一定阈值的商品，信誉就进行相应折算。如果卖方想继续保持高信誉，那么卖家只能一直出售低价商品，那样卖家也失去欺诈意义。

折算规则将根据所售产品平均价格 av 与当前高价产品价格 VM，同时系统可设定惩罚系数 N，如果设定价格阈值为 20 倍，则信誉折算如公式（4.6）。

$$R_j = \left(\frac{av}{VM} R_j \right) \times N \quad if(VM > 20 \times av) \qquad (4.6)$$

第三节　实验研究

一、实验指标

在信誉模型的实验分析上，多数模型都是基于仿真实验。对欺诈用户比例和用户欺诈行为概率都进行明确的设定，但由于客户真实的交易行为个性差异大，所以仿真交易与真实交易存在较大差异。在本文实验中，通过获取网络交易记录与双方评价数据对信誉模型进行验证，虽然真实交易中欺诈成员比例不明确，且难以界定，但通过一定的欺诈行为定义与不同比例欺诈行为对信誉改变的观测，在信誉共谋、小额信誉欺骗、信誉诋毁方面进行实验，则可以验证模型的有效性。为此设定信誉计算误差（Reputation Compute Error，RCE），如公式（4.7），表示成员由欺诈行为获取的信誉值所占其现有信誉值的比例，值越小，说明欺诈行为对信誉模型计算结果影响越小，模型抵御攻击能力越强，信誉值越能反映出社区成员真实信誉水平。其中 U 为社区中成员数；$R(i)$ 为 i 用户的信誉值，$RE(i)$ 为成员 i 所获取的欺诈信誉。如果 i 不存在欺诈行为，则 $RE(i)$ 值为 0；如果 i 有欺诈行为，则根据成员可疑行为的欺诈概率 p 计算。

$$RCE = \frac{\sum_{i \in U} |RE(i)|}{\sum_{i \in U} R(i)} \tag{4.7}$$

二、交易数据预处理

（1）数据来源。本实验数据来源于某国内电子商务平台 2009 年 1—6 月的部分抽样交易数据。为了防止买方和卖方抽样的集中，抽样规则为获取从不同等级信誉的卖方各 10 个，共 80 个，并对 2009 年 6 月与该 80 个抽样卖家发生交易的全部买家随机抽取 3000 个，获取买家半年内所有交易记录和买卖双方交易评价信息。

（2）信誉计算数据提取。因为成员需要足够的反馈评价才能满足模型计算需求，建立双方的信誉。实验中需要对交易记录进行进一步抽样，最后抽取被评价次数在 50 ~ 150 之间的卖家 203 个，相关交易买家 1367 个，交易记录 15986 条，数据形式如图 4.2。

专家ID	买家ID	反馈	评价时间	价格
se119	bu77	1	2009-4-21	39.99
se15	bu1128	1	2009-4-18	4.99
se12	bu704	1	2009-4-20	64.99
se38	bu835	1	2009-4-30	65
se201	bu220	1	2009-5-15	178

图 4.2 交易评价数据

三、实验过程

由于不清楚真实交易数据中各种欺诈成分的比例，通过定义可疑欺诈行为特征，过滤出相应交易数据，计算观察不同比例欺诈行为的RCE指标。实验中 w 权重设为0.5，共谋因子 T 中的调节系统 a 设为1。对比模型为淘宝信誉模型与SPORAS信誉模型。

（1）小额信誉欺诈。以卖家各自售出产品的最高价格做参考，假设低于其最高产品价格一定阈值的为欺诈可疑行为，这里设定为20倍。汇总得到3655条可疑欺诈数据，如果欺诈比例 p 为 0～100%，如图4.3所示，三种模型都表现出误差值随欺诈比例的增加而增大。由于在淘宝和SPORAS信誉模型中，均未涉及产品价格参数，所以在C2CRep模型中，信誉计算误差值明显低于其他两种。

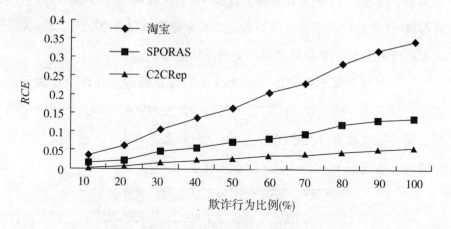

图4.3　小额欺诈信誉计算误差

（2）信誉共谋。如果将每月信誉评价次数大于2的认为具有信誉共谋可疑行为，汇总得到9895条可疑欺诈数据；如果欺诈比例 p 为0～100%，将共谋因子中的参数 a 设为1，淘宝在信誉共谋攻击的抵抗中，以平衡一个月内 6 次评价来计算信誉值，从图 4.4 中可以看到，共谋比率在 40% ~50% 之间时，*RCE* 最小。在 SPORAS 中只允许双方评价一次，所以共谋交易在 70% 以上的高欺诈环境下，信誉误差最小。C2CRep 增加共谋因子，在 70% 以下时 *RCE* 较低。

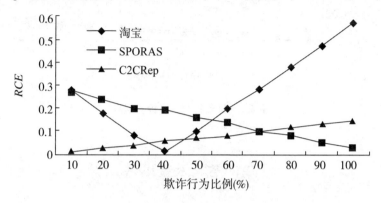

图 4.4　交易共谋信誉计算误差

（3）信誉诋毁。信誉诋毁是欺诈成员在交易后评分时，多数买方给予好评，而少数买方给予差评的交易行为。汇总得到 96 条可疑欺诈数据，由于网络交易中差评数据较少，过滤出相关卖家 33 个，针对该 33 个卖家信誉值进行单独分析。如果欺诈比例 p 为 0 ~100%，由于 SPORAS 模型和 C2CRep 在信誉计算都平衡了评价反馈可信度，从图 4.5 中可以看到，SPORAS 和 C2CRep 的 *RCE* 值明显低于淘宝，而 C2CRep 进一步平衡了"习惯性差评"因素，降低了对经常性差评用户的反馈可信度，所以 *RCE* 值更低。

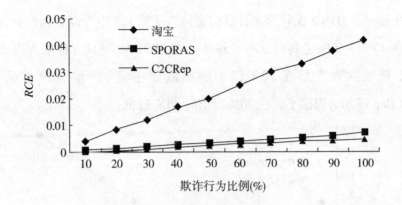

图 4.5 诋毁行为信誉计算误差

第四节 本章小结

本文主要针对 C2C 平台中卖方成员信誉计算问题进行研究。分析信誉管理中普遍存在的小额商品信誉欺骗、信誉共谋、信誉诋毁，在新模型加入交易额、反馈可信度、共谋因子、惩罚因子等参数，对每个参数的计算进行定义，并利用在线交易与评价数据对模型有效性进行实验分析，通过定义三类欺诈行为的基本特征过滤出可疑欺诈行为数据集。定义 RCE 表示欺诈行为带来的信誉增加值占社区信誉值的比例作为模型衡量指标，对可疑欺诈行为数据进行 0 ~ 100% 的欺诈比例假设，计算不同欺诈比例行为下 RCE 指标的变化趋势。最后通过与淘宝信誉机制、SPORAS 信誉模型两种典型 C2C 信誉计算模型进行比较，验证模型在三类常见的信誉欺诈中的抗攻击性能。

第五章

一种抗欺诈卖家的在线拍卖信誉模型

近年来，网络拍卖越来越流行，创造了大量的现金周转。信誉是买家预估未知卖家可信度的关键。信誉中越来越多的骗局使得在线拍卖社区越来越混乱。本书提出了一种买方视角下的对于卖方信誉的反欺诈模型，该模型考虑自适应价格、反馈的可信度、合谋和惩罚因子从而抵御在线信誉系统中一些常见的欺诈。本文收集了来自淘宝的真实购买和反馈数据对模型的有效性进行验证。通过定义的一些基本特征，过滤可疑欺诈数据，然后计算淘宝模型、SPORAS 模型和 SRep（Seller's Reputation，卖家信誉）模型的信誉计算误差，结果显示 SRep 模型对于抵御低价商品以及串谋、诽谤等信誉欺诈反映出强大的抗欺诈能力。

第一节　在线拍卖信誉模型

近年来，中国的电子商务得到了快速发展，在线拍卖毫无疑问是电子商务众多业务中最为流行的，主要归因于收入的快速增长。例如，2010 年的收入达到 4980 亿元，相对于 2009 年增长了 86.5%，其中，淘宝在 2010 年贡献了 70.8%。另一方面，消费者在收到服务和商品之前进行支付，使得他们处于弱势地位。消费者通常看不到也不能试用商品，而一旦消费者进行了支付，卖家却很清楚消费者将会得到什么。这种因为信息不对称所导致的后果可以通过信任和信誉消除[82]。实际上，关于用户的历史知识可以通过信誉的方式来表示其可信度[82,121]。很明显，这种信誉必须在用户之间传播才有意义。针对拍卖网站已提出了多种信誉管理系统以帮助用户评估未知卖家和买家的可信度。大多数信誉系统都是一种主观信任管理，使用历史行为来预测实体将来的可信度[175]，信誉值来源于其他实体的推荐值的集成。它可以用于生成拍卖网站中买卖双方的信任[176]。

二元信誉系统是最为熟知的用于评价在线拍卖中的可信度的管理机制[189]。它收集每一次交易完成后卖家或买家给出的整数评价值。正向反馈将会使得他们的信誉值加 1，而负向反馈则会使他们的信誉值减 1。理论上，信誉值越高意味着交易越可靠和越可信。卖家的高信誉值也意味着提供高质量的商品或服务的能力。然而，由于多种原因，简单的管理机制不足以提供准确的可信度度量。第一，买卖双方通过交易合谋可以增加他们彼此的信誉，并且一个买家可以显著影响卖家的信誉；第二，一些卖家可能故意诋毁其他竞争者或者从习惯性投诉者和信誉敲诈者那里得到负面反馈，这些人通过提供负面反馈的威胁获得不公平的让步；第三，一些卖家可能通过便宜的商品获得高的信誉。这些负面因素很容易攻击在线信誉系统[82,186,192]。为了缓解上述问题引起的误信任，很多研究者提出为网络社区成员构建合适的信誉模型。

信誉系统可以分为集中式系统和分布式系统。在集中式系统中，单个实体收到反馈后，将会更新实体的信誉，并且社区中的所有成员都可以获取到更新后的信誉。而分布式系统中的信誉值只能通过认识的用户或邻居获取[14]。eBay 采用了基于用户反馈的集中式在线信誉机制和非常简单的指标，即每个用户在交易后将会收到 +1，0 或 −1 的反馈。国内的淘宝网也有相似的信誉机制。主要不同在于，淘宝网中同一评价者的反馈一个月内可以累积 6 次，而 eBay 中一个成员对另一个成员的信誉增长或降低只计 1 次。对淘宝网来说，它仍然没有考虑一些重要的元素，例如，上下文以及信息来源。另一个重要的模型是 SPORAS[213]，通过限制一个成员对另一个实体信誉增长的次数，从而防止用户通过合谋相互增长彼此的信誉。它还包含时间因子和评论者的可信度。但是它对随电子商务发展而出现的新问题比较脆弱，例如，习惯性的投诉者、敲诈者，特别是对低价商品的信誉炒作和信誉惩罚。

随着 P2P 网络的发展，出现了一些重要的新的信誉模型，特别是在网络服务共享社区[180,60]，当不同的恶意评价元素出现时，它们注重信誉的准确性。Yu 和 Singh[194]尝试从信任网络中的传递路径获取信任。Kamvar 和 Schlosser 提出了 EigenTrust[61]信任模型，它通过加权方式将所有与满意交易相关的信誉分数相加以计算每个节点的信誉，在所有参与者中对所有与满意交易相关的信誉分数进行归一化。然而，在计算节点信任值时，信任模型需要遍历整个网络，计算量相对较大，并且它假设网络中没有恶意行为，因此抗攻击能力较弱。另一个信誉模型是 PeerTrust[60]，其中基于信誉的信任框架以自适应的方式实现，并采用 PKI 基础结构，提出了两种度量 PeerTrust TVM，PeerTrust PSM，对恶意节点的攻击有效果。然而，它是为稳定的 P2P 网络设计的，采用分布式哈希表，由于这些原因，它不适合这种情况。

一些研究聚焦于概率相关理论[179,195]。例如，Jøsang 通过贝叶斯系统评估信誉，信誉值通过统计更新 Beta 概率密度函数来计算[195]，信誉值可以表示为 Beta 概率密度函数参数元组的形式（正向评分和负向评分）。有一些研究基于模糊理论计算声誉[181,196]，如 Sabater 和 Sierra 提出的 REGRET 信誉系统，以模糊逻辑规则的形式，利用信任的模糊度量进行推理[196]。

在 P2P 环境中，成员之间相互反馈，所有的节点都在这个环境中提供资源，因此这些反馈不区分提供者或用户。但是，由于淘宝中信任的不同义性，需要区分买家和卖家的信誉[69]，即卖家收到好的反馈是因为他的服务或产品好，买家收到好的反馈是因为他的支付或态度。一个成员因为购买而拥有较高信誉并不意味着当他售卖商品时就一定是一个好的卖家。有可能成员在网络服务共享环境中彼此联系，但是交易在淘宝的买卖双方之间开始。因此，P2Peye. com 信誉系统没有集成在线拍卖交易的情景特征，难以找到推荐的邻居或证人。概率信任模型有坚实的数学理论做支撑，但是缺乏交易上下文，由于没有惩罚很容易滋生信誉欺诈行为。

针对上述情况，我们提出了一种基于反馈的信誉机制，即 SRep。信誉计算方法基于不同的交易上下文。在该方法中，计算信誉时考虑反馈者的可信度、自适应的交易值、相互合谋和信誉惩罚。通过结合这些因子，可以获得更加准确的在线拍卖卖家信誉预测。此外，我们还利用从淘宝网上收集的实际交易数据，考察了在合谋、诽谤和廉价商品欺诈三种类型下，不同虚假交易率下的信誉值计算误差。研究结果还表明，在欺诈环境下，SRep 能够更可靠地反映卖家的信誉。

第二节　在线拍卖信誉模型相关研究

一、方案

在线拍卖社区中的成员并不等同于 P2P 电子商务环境中的成员。也就是说，购买（或使用）和销售（或提供）行为属于不同的角色。

买家总是从卖家那里购买商品（或服务），但他们不在社区出售任何商品（或服务）。卖家总是向买家出售商品（或服务），但他们不在社区购买任何商品（或服务）。只有少数成员拥有两个角色。因此，成员的信誉在淘宝上被区分为买家和卖家[197]，一般来说，卖方会因其良好的服务或商品而得到积极的反馈，买方会因其对卖方的付款或公正的反馈价值而得到积极的反馈。由于第三方的保证，例如，淘宝提供的支付宝，买家总是及时付款，卖家总是追求高利润，很少关注买家的声誉。因此，买方通过欺诈来提高信誉的意义不大。买家倾向于选择信誉高的卖家来降低风险[198,199]。因此，一些卖家通过欺诈来提高自己的信誉，这扰乱了正常的公平竞争，影响了买家的选择[200,201]。在本文研究中，我们设计了一个 SRep 信誉管理系统，从买家的角度识别卖家的信誉，旨在帮助买家估计卖家的可信度，降低网上购物的风险。

SRep 信誉管理是一个集中式的信誉系统。关于给定参与者的表现的信息是从社区中与该参与者有过直接经验的其他成员那里收集的评分。信誉中心收集所有评分和交易上下文，并为每个参与者得出一个信誉分数，并将所有分数公之于众。信誉评分的计算方法必须考虑交易上下文，以抵御欺诈攻击行为。因此，信誉模型必须考虑以下关键特征：

（1）由于新的交易和反馈，信誉会随着时间变化。

$$F = +1 \text{ 时}, R_{new} > R_{old}$$

$$F = -1 \text{ 时}, R_{new} < R_{old}$$

$$F = 0 \quad \text{时}, R_{new} = R_{old}$$

这里 F 是反馈，表示最新交互的满意水平，后面将会描述。

（2）减少恶意诽谤反馈对会员信誉的影响。

$$C \Rightarrow \Delta R$$

这里，C 是反馈的可信度，表明买家对声誉的改变有不同的影响。

（3）避免卖方的信誉因少数人串通而受到影响。

$$T \Rightarrow \Delta R$$

这里 T 是和同一个买家交易得到的反馈量。

（4）抵制通过大量的廉价商品来提高信誉。

$$V \Rightarrow \Delta R$$

这里 V 是自适应的价格。

（5）抵制靠低价商品获得高信誉，然后在出售高价商品时作弊。它应该设置一个信誉自适应机制，和一个惩罚机制。

二、参数

根据卖家信誉模型的关键特征，主要参数如下：

（1）卖家的历史信誉（ R_{old} ）。历史信誉是卖方历史的表现，是基于已完成的交易和获得的反馈值。更新信誉时要考虑历史信誉，如果参与交易的是新注册成员，淘宝拍卖网站给出的初始信誉值为 0。

（2）反馈（ F ）。每个参与者在交易后都会给出一个反馈值，正值为 +1，中性为 0，负值为 -1，分值代表交易的满意度[198]。

（3）反馈可信度（ C ）。它表示反馈来源的可信度[191,186,198]，用于避免虚假反馈影响卖家的信誉。例如，有人通过新账户诽谤他人。可以认为信誉高的买家会给出更准确的反馈。为了忽略习惯性投诉者和信誉敲诈者的反馈，可信度也与评价者的历史反馈有关。因此它与负反馈率呈负相关。我们可以假设总是对交易不满意的人可能会退出，而不是继续消费。

（4）共谋（ T ）。采用这种方法是为了避免用户可能对另一个成员的信誉造成太大影响，或者一些买方通过虚构交易来增加卖方的声誉。

eBay[190,198] 和 SPORAS[192] 只对同一用户计算一次反馈。而淘宝在一个月内的连续交易中计算了六次反馈，这也提升了卖家的良好信誉。观察到来自同一买家的多个反馈可能来自对卖家高度认可的持续交易。因此在信誉模型中应该考虑这两种情况。所以，在 SRep 模型中，一个买家提供的相同反馈对卖家声誉的贡献是不能同等处理的，而应该与反馈的数量成反比。

（5）交易值（V）。交易值被用来防止用户通过在低价交易中表现良好而获得高声誉，然后再售卖高价商品[191,186]。欺诈行为不仅扰乱了市场规则，损害了其他诚实卖方的竞争力，而且也影响了买方的选择。在我们的模型中，信誉计算的反馈权重与交易值成正比。由于商品种类多样，低价的标准是自适应的。它取决于卖方商品的最高价格。

（6）惩罚（P）。如果卖方在大量低价商品交易中获得较高声誉后售卖超过一定阈值的高价商品，将引发信誉惩罚或转化。

与其他信誉模型[191,192,180]相比，上述参数更适合于我们的场景中的在线拍卖。最大的改进是 V（交易值）的定义是自适应，是相对于卖方商品的价格，而不是对所有交易商品的固定值。C（反馈可信度）不仅与评论者的信誉有关，还与历史负面反馈有关，以防止习惯性的抱怨者和信誉敲诈者的影响。T（共谋因子）被用来抵御通过相互共谋交易带来的信誉欺诈，但同时也要考虑到通过持续交易可以更加确认卖家的信誉。

三、规则

在线拍卖社区可以由交易网络来表示。在该网络中，在线拍卖的成员表示为节点，任意两个成员之间的交易关系形成有向边，如图 5.1 所示。

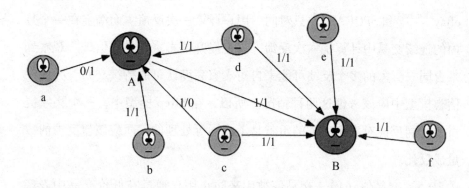

图 5.1　在线拍卖交易网络的描述

节点 A 和节点 B 主要是充当卖方的角色，有时他们也可以是买方。因此，A 有两种信誉，而 B 是纯粹的卖方，只有卖方的信誉。节点 $\{a, b, c, d, e, f\}$ 是买家，不出售任何东西，他们只有买方的声誉。有向边 $\{i{\rightarrow}j\}$ 表示从 j 处购买了一件商品，反馈值对 $\{f_i/f_j\}$ 表示 i 给 j 一个反馈，以及 j 给 i 一个反馈，每个节点的信誉度都是根据其角色来区分的，从图 5.1 的数据来看，淘宝网的信誉度如表 5.1 所示。

表 5.1　单独的信誉

	A	B	a	b	c	d	e	f
买家信誉	1	null	1	1	1	2	1	1
卖家信誉	3	5	null	null	null	null	null	null

从前面方案描述来看，卖方的信誉模型正遭受信誉欺诈的困扰。在计算信誉之前需要建立一些计算规则。

（1）A 成员有两个信誉，一个是买家信誉，一个是卖家信誉。卖家的信誉和买家不一样。从买方的角度来看，卖方的信誉主要是评估交易风险。SRep（见本章第二节中的第二部分）考虑了六个参数来计算卖方的信誉。买家的信誉是直接由淘宝提供的支付保障积累的，并鼓励在线购物。

（2）买家的信誉分为多个子集，淘宝网中有20个子集，$\{H_1,$ $H_2,\cdots,H_{20}\}$。

（3）买方或卖方在完成交易时只能给出一次反馈。

（4）信誉底线为0，如果信誉下降到低于初始信誉，成员可以重新注册。

第三节　信誉模型

一、信誉指标

以上所有的考虑都可以用数学形式表示出来。我们假设用户的信誉值 R 是一个介于 0 到 D 之间的浮点数，D 是拍卖社区认为的最大值。由于信誉是收集到的历史行为[202]，可以为优质服务提供经验[192]。

为了显示每个用户的信誉是如何计算和更新的，我们定义了一个由买方 M_i 和卖方 M_j 执行的交易，$F_{i\rightarrow j}$ 是 M_i 给 M_j 的反馈，作为此次交易的结果，M_j 的信誉 R_{new} 被更新为公式（5.1）。

$$R_{new}^j = R_{old}^j + \varphi \times F_{i\rightarrow j} \tag{5.1}$$

R_{new}^j 是交易更新后卖家新的信誉。R_{old}^j 是卖家的历史信誉。φ 是计算反馈上下文的函数，如公式（5.2）所示。$F_{i\rightarrow j}$ 是从 M_i 获得的反馈。

$$\varphi = (w \times C_i + (1-w) \times V_{ij}) \times T_{ij} \quad 0 \leqslant w \leqslant 1 \tag{5.2}$$

C_i 是评价者（或买方 M_i）的可信度。V_{ij} 是 M_i 和 M_j 之间交易的商品价值。而 T_{ij} 是 M_i 和 M_j 的合谋活动。反馈的上下文是通过适当地组合参数 C、V 和 T 来计算的。w 权衡了 C 和 V 与系统设置的信誉更新的相关性，而 T 减少了共谋活动时反馈的权重。

反馈可信度由公式（5.3）计算。

$$C_i = \frac{H_i}{HM} \times \frac{n(f <> -1)}{n} \tag{5.3}$$

H_i 是 M_i 的信誉级别，HM 是最高的信誉级别，HM 的值为 20。$n(f <> -1)$ 是 M_i 在历史记录中给出的非负反馈的数量，n 是历史记录中反馈的总数。有很多负面反馈的买家在反馈可信度方面可以忽略不计。因为我们认为真正对交易不满意的人会对拍卖感到失望，所以他将停止在线购物。

$$V_{ij} = \frac{v}{VM_j} \tag{5.4}$$

其中 V_{ij} 是 M_i 和 M_j 之间这笔交易的商品价值，VM 是 M_j 出售商品的最高价格。一些研究认为 VM 在在线拍卖中是固定值。但由于商品种类、商品类型、品牌、类别的不同，无法将 VM 定价为固定值。

$$T_{ij} = \left(\frac{1}{n(F_{i \to j} = f)} \right)^{\alpha} \tag{5.5}$$

其中 f 是（-1，0，+1）中的反馈值，$n(F_{i \to j} = f)$ 是 M_i 和 M_j 之间具有相同反馈值的先前交易的数量。参数 α 是从 0 到 1 的浮点数。参数 α 在削弱同一买家的声誉影响方面具有重要作用。在他的前 15 次具有相同反馈值的交易中，用于计算 T_{ij} 的 α 的不同值如图 5.2 所示。一个买家提供的反馈越相同，T_{ij} 的值就越衰减。详细说明见本章第二节中的第二部分。

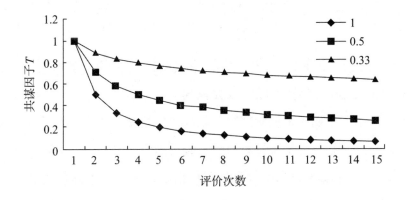

图 5.2　参数 α 的设置

最后，SRep 模型可以描述为公式（5.6）。

$$R_{new}^{j} = R_{old}^{j} + \left(w \times \frac{H_i}{HM} \times \frac{n(f <> -1)}{n} + (1-w) \times \frac{v_i}{VM_j} \right)$$

$$\times \left(\frac{1}{n(F_{i \to j} = f)} \right)^{\alpha} \times F_{i \to j} \qquad (5.6)$$

二、信誉惩罚

上述模型可以防止卖家在销售其他高价商品时，通过销售低价商品获得更高的信誉。但如果卖家只卖低价商品，那么 VM 的价值也更低，所以 V_{ij} 更接近 1，卖家仍然可以获得很高的声誉，然后出售高价商品。一个合适的模型必须对其进行检测并予以修改或给予惩罚，通过设置一个阈值来检查当前销售的商品价格是否大大超过平均价格。卖家要想保持高信誉，他必须还是出售低价商品，这样就失去了欺诈的意义。

修改信誉的规则是基于历史所售的商品的平均价格和当前所售的产品的价格。并且可以在公式（5.7）中同时设置惩罚性参数 P。

$$R_{new} = \left(\frac{av}{VM}R_{old}\right) \times P \quad if(VM > d) \tag{5.7}$$

R_{new} 是新修正的信誉，R_{old} 是先前的信誉，av 是历史平均值，P 是惩罚率，VM 是新的交易最大值，d 是阈值。

下面用三个例子来说明惩罚机制是如何处理欺诈的。为了清楚地解释，仅通过交易值因子来计算信誉。假设阈值 d 是 av 的 10 倍，P 为 1。

例 1. 一个卖家只靠低价商品获得信誉，然后卖出高价商品。该交易的金额为 ｛¥2，¥5，¥9，¥5，¥6，¥3，¥2，¥3，¥4，¥10｝。每次交易后的信誉是 ｛1，2，3，3.55，4.22，4.55，4.77，5.21，5.77，6.77｝。如果他在第 11 笔交易中向买家出售 200 元，买家将看到修改后的声誉为 0.173，而不是 6.77。（0.173 = 6.77 × av/200，其中 av 为 5.1）。在图 5.3（a）中清楚地呈现了第 11 个交易的值超过了阈值，触发了惩罚机制，因此在图 5.3（b）中信誉急剧下降。

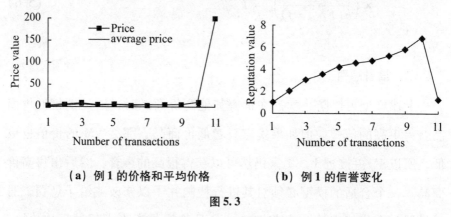

（a）例 1 的价格和平均价格　　　（b）例 1 的信誉变化

图 5.3

例 2. 卖家通常可以先出售廉价商品，然后再逐步出售高价商品，这很正常。但是，如果卖方是通过按价格顺序出售货物而获得信誉，则应避免处罚。逐步提高价格，该交易的金额为 ｛¥1，¥5，¥5，¥25，¥30，¥150，¥160，¥750，¥800，¥4000｝。每次交易后的信誉是

{1，2，3，4，5，1.44，2.44，1.17，2.17，1.062}。当卖出￥150、
￥750、￥4000 就会触发罚款，三笔交易之前的修正信誉分别为 0.44、
0.17、0.062。在图 5.4（a）中清楚地呈现了交易价值的急剧增加，在
交易 6、8、10 中触发了惩罚机制。

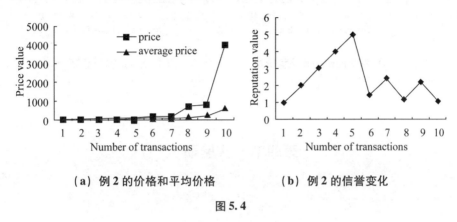

（a）例 2 的价格和平均价格　　　　（b）例 2 的信誉变化

图 5.4

例 3. 卖家出售的大部分商品总是在一个价格区间内分布，尽管偶
尔也会卖出低价商品。假设当时的交易金额为 ｛￥70，￥60，￥130，
￥140，￥200，￥2，￥1，￥140，￥50，￥90｝。每次交易后的信誉为
{1，1.86，2.86，3.86，4.86，4.87，4.875，5.875，5.825，6.275}。
在图 5.5（a）中清楚地显示了平均价格没有显著地增加，但是低价商
品偶尔被出售。卖方没有处罚，在图 5.5（b）的第 6 笔和第 7 笔交易
中忽略了低价商品对信誉的影响。

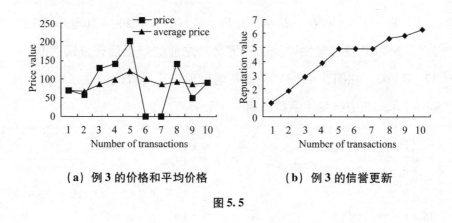

（a）例3的价格和平均价格　　　（b）例3的信誉更新

图5.5

第四节　实验研究

一、评估指标

在本节中，将通过实验测试 SRep 在抵制三种类型的信誉欺诈反馈中的有效性，包括低价商品欺骗、共谋和诽谤。它与本章第一节中介绍的另外两种信誉机制（淘宝[198]和 SPORAS[193]）进行了比较。尽管并不年轻[203]，但 SPORAS 仍然被认为是非常有效的，并且可以被用作比较模型。实际交易及相关反馈信息是从淘宝收集的，淘宝是最受欢迎的在线拍卖社区。与模拟实验相比，在实际交易数据中很难准确识别恶意成员。但是，可以通过欺诈的定义来过滤数据，并观察这些可能的欺诈反馈的不同比例对信誉的影响。评估指标是定义为公式（5.8）的 *RCE*（信誉计算误差）。

$$RCE = \frac{\sum_{j \in U} |RE(M_j)|}{\sum_{j \in U} R(M_j)} \tag{5.8}$$

其中 $RE(M_j)$ 是可能的欺诈反馈给卖方 M_j 带来的信誉，$R(M_j)$ 是所有反馈计算出的 M_j 的信誉值。U 是卖方样本。RCE 值越低，表明可能的欺诈反馈对卖家信誉的影响越小，计算模型能够反映卖家的真实信誉。

在 SPORAS 中，通过新交易更新的信誉计算如下：

$$R_{t+1} = \frac{1}{\theta}\varphi(R_i)R_{i+1}^{other}\left(W_{i+1} - \frac{R_t}{D}\right) + R_t \text{ 其中}, \varphi(R_i) = 1 - \frac{1}{1 + e^{\frac{-(R-D)}{\sigma}}}$$

(5.8)

R_t 是 t‐th 的信誉。θ 是大于 1 的常数，经验值为 10。R^{other} 是给出评分的用户的信誉值。D 是信誉的最大值。W_i 是用户 i 给定的等级。σ 为阻尼系数，经验值为 0.11。

二、数据预处理

数据来自淘宝网上拍卖网站。半年内收集了大约 118118 笔交易和相关的反馈信息，分别涉及 1414 个买家和 23942 个卖家，最后提取了 15986 个反馈信息，涉及 1414 个买家和 203 个卖家，反馈的数量在 50 到 150 之间。数据信息见表 5.2 所示。

表5.2 相关数据描述

	数　量	平均值	最小值	最大值	标准差
卖家收到的反馈	15986	0.995	−1	1	0.079
卖家总的反馈	203	78.37	46	150	26.27
买家信誉	1414	83.46	1	66461	194.82
交易额	15986	99.5	0.01	9411	562.06
合谋	42478	2.78	1	344	5.17

三、实验结果

三种比较的信誉模型，通过可能的欺骗性反馈来检测信誉错误。第一个实验通过大量低价商品来讨论卖家的信誉错误。我们假设与商品价格相关的反馈低于卖家最高销售价格的 20 倍，这被认为是可能的信誉欺骗反馈。第二个实验讨论了买卖双方合谋造成的卖方信誉错误。我们假设一个月内与同一个买家相关的反馈数量超过 2 个可能表明存在合谋。而淘宝的信誉假设在一个月内超过 6 次，SPORAS 严格计算来自同一成员的反馈是 1 次。第三个实验讨论了卖方因诽谤而造成的信誉错误。我们假设负面反馈可能是故意攻击卖家信誉，然后观察对卖家信誉的影响。在这些实验中，SRep 中 w 的值设为 0.5，而与 T 相关的 a 为 1。

实验 1. 从所有的 15986 条反馈中筛选出 3655 条按照阈值与低价商品相关的反馈。假设欺诈可能性比率为 0～100%。0 表示没有欺诈，100% 表示所有 3655 条反馈都是欺诈。我们检验了淘宝、SPORAS 和 SRep 在不同比例下计算出的 RCE 值。从图 5.6 中，三种模型显示了 RCE 是随着欺诈比例的增加而增加的。但是 SRep 模型明显优于其他两个模型，因为 RCE 的值比其他两个模型低。显然，只有 SRep 考虑了交易价值，而其他两个模型在信誉计算中没有考虑交易价值。

实验 2. 从所有 15986 个反馈中过滤出可能与一个月内超过 2 次的合谋相关的 9895 个反馈。假设欺诈可能性比率为 0～100%。0 表示没有欺诈，100% 表示所有反馈都是欺诈。我们在图 5.7 中以不同的比率检查了淘宝、SPORAS 和 SRep 在不同比例下计算出的 RCE 值。淘宝每月对一个成员的反馈进行 6 次计算，以抵制合谋。所以一些卖家总是故意在一个月内进行 6 次左右的合谋交易，或者用低价商品来诱惑买家。

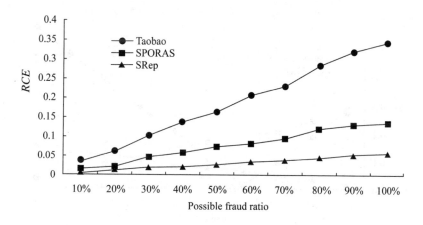

图 5.6 低价欺诈造成的信誉计算误差

如果同一个买家的反馈数低于 6 是正常的，那么 9895 次反馈中 30% ~ 40% 的反馈不是合谋，在合谋比例在 30% ~ 40% 之间时，*RCE* 的值达到最低。实验中，当合谋比例为 30% 时，将会降低实际的信誉。然而，当合谋比例超过 40% 时，淘宝模型的 *RCE* 指标会急剧上升。所以对合谋欺诈的处理效果不大。SPORAS 模型能有效处理高欺诈反馈，在合谋比例超过 70% 时，具有比较低的 *RCE*。这是因为它有一个严格的规则，即每个成员只能评分一次。但同一个买家的多次反馈可能来自与高度认可的专家的持续交易。因此它在信誉计算上也有所增强。SPORAS 的 *RCE* 值很高，当正常的连续交易会带来的一些反馈忽略了持续信任增强的效果。相反，在 SRep 模型中考虑了两种情况。SRep 的 *RCE* 值总是很低，尽管它是随着合谋率逐步提高。

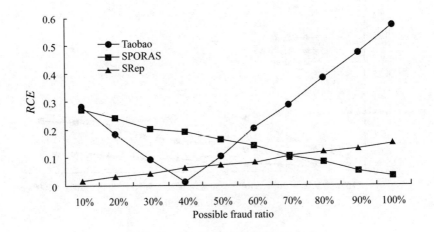

图5.7 合谋造成信誉计算误差

实验3. 反馈得分的平均值为0.995，表明卖家在表5.2中收到了很高的积极反馈。另外，eBay还显示，只有约0.6%的eBay用户提供的反馈是负面的。从所有15986条反馈中，只过滤出96条负反馈。过滤了大约33个收到负面反馈的卖家。假设欺诈可能率为0～100%，其中0表示没有欺诈，100%表示所有96个反馈都是欺诈。

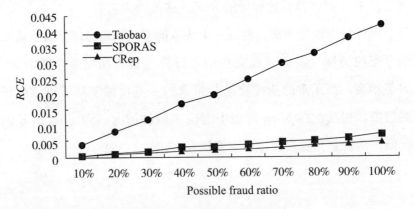

图5.8 诽谤造成名誉计算误差

我们检查了淘宝、SPORAS 和 SRep 在不同比例下计算出的 *RCE* 值。从图 5.8 中可以看出，由于负反馈的大小较小，所有的 *RCE* 值都较低。但结果也可以说明，SPORAS 和 SRep 比淘宝更先进。SRep 在进一步平衡"习惯性负面"因素方面优于 SPORAS。

第五节　本章小结

在线拍卖代表了 C2C 的电子商务交易类型。信誉系统可以缓解买卖双方的信息不对称，帮助买方估计卖方的可信度。理论上，更高的信誉值意味着交易会更负责任，更值得信赖。在线信誉系统正遭受各种扰乱常规营销规则的欺诈，例如，通过低价商品和合谋获得较高信誉。一种新颖的信誉系统被设计来支持中国的在线拍卖。SRep 基于几个参数，例如，卖方的交易历史、交易金额、收到的反馈、反馈可信度、合谋和惩罚。反馈可信度要考虑到习惯性抱怨者和信誉敲诈者，这一点很重要；在合谋参数中也考虑了通过连续交易来提高信誉；交易价值与卖方货物的价格是自适应的。通过与两个相关信誉系统的对比实验，证明了 SRep 在抵御低价信誉欺诈、合谋和诽谤方面的有效性。显然，大量的信誉欺诈会误导买家，降低加入在线拍卖社区的忠诚度。因此，一个以合理方式计算的信誉系统将鼓励卖家提高商品（或服务）的质量，并吸引更多的买家满怀信心地加入在线购物。

第六章

一种面向移动服务交易的信任管理模型

移动商务与基于位置服务的发展，使得移动网络中用户之间进行服务拍卖成为可能。交易双方之间的信任评估对移动网络中的服务选择起重要作用。面向移动服务拍卖的信任管理是一种基于信誉模型，通过度量反馈偏移度均值作为反馈可靠度，进行交易反馈的加权。而与在线商品拍卖相比，移动服务交易信任评估更依赖于交易环境，所以模型中融入包括交易时间、地点、交易额度的环境上下文因素，实现了一种不同上下文动态信任映射机制。仿真结果表明，与传统基于信誉的信任计算方法相比，该模型能降低对恶意节点、诚信节点以及全局信任评估的误差值，并能有效抵抗节点利用低风险交易进行信任欺诈。本章内容根据文献[258]整理而成。

第一节 引 言

移动商务市场的不断壮大和基于位置服务（Location Based Services, LBS）的应用将为 C2C 商务模式的创新带来契机。在服务计算领域认为服务是至少包含一个服务提供者和一个服务消费者之间的交互（活动）以取得一定的商业目标或解决问题的目的[183]。如某人在家里想到要去超市购买一些商品时，希望周围有人愿意代购；消费者在某商场进行购物时希望有人愿意提供打折卡；购物出来后，希望能寻求他人拼车等。在这种基于移动终端和地理位置发出的服务交易背景下，构建一个 C2C 服务拍卖平台也将成为可能。本章所指的移动 C2C 服务拍卖就是指利用移动 C2C 平台，提供方可以即时发布自己的服务，消费者可以根据自己的位置和偏好、好友评价信息等选择感兴趣的服务。由于位置的移动性和信息的不对称，会导致移动 C2C 服务社区中大多属于初次交易，交易稀疏，缺乏传统现实生活交易中可观察的物理线索，容易滋生网络欺诈行为[121]。研究表明，在线信誉系统有利于防范网络欺诈，建立良好信任关系，提高市场效率等[121]。移动 C2C 服务交易中，双方的信任并不是对称的，但在卖方驱动的交易环境下，卖方信任度直接影响买方交易选择，所以在对卖方信任管理问题上，需要面对的问题主要有以下几个：

（1）反馈可靠度计算，考虑不实反馈的过滤和反馈数量不足导致的偶然因素。

（2）信任与上下文相关，交易受位置、时间约束，所以对不同交易环境下产生的用户信誉反馈不能同等对待。

（3）信任映射，交易上下文因素将影响消费者对交易风险的感知，进而影响不同上下文反馈的价值，所以解决上下文信任映射将更合理评估卖方的信任。

本章提出的基于移动服务商品拍卖的信任计算模型，该模型依据反馈偏差度、反馈稳固度计算反馈可信度，并融入交易上下文因子和信任映射机制对卖方信任进行评估，实现了一种面向移动服务拍卖环境下卖方信任的管理模型。

第二节　移动服务信誉模型相关研究

信誉（Reputation，也称声望），是指一个集体对一个个体的某种特定的一般评价，而基于信誉的信任计算是信任管理研究的主流方向之一[82]。信誉系统是通过对大量反馈信息进行聚合计算得到节点信誉值，从而测量节点可信度，信誉系统也已广泛应用于在线贸易的商家评定中（如淘宝、eBay 等）。反馈信息的聚合算法是信誉系统的核心部分，如果反馈节点都是诚信的，那么对所有的反馈赋予相等的权重也比较合理。但在实际中，反馈评价是否真实并不可靠，这些不实评价将会给信誉计算带来干扰。通过反馈可靠度计算可降低不公正评价的影响，所以很多信誉模型[121,184-186]都将反馈评价的可靠度量作为信誉系统研究的关键。反馈评价的可靠度计算方法主要可分为内生式和外生式两种[82]。

内生式是指对一组评价进行统计，利用统计信息对不实评价进行识别，此类方法主要利用统计分布的原理，典型代表研究 Whitby 和 Jøsang[184]通过 β 分布迭代对不公正评价进行筛选；Zhang[185]对评价数据进行聚类得到可信的类簇；以及 Sheikh[70]提出使用 T 分布过滤置信区之外的反馈，所以内生法对评价数据较多，不实评价较少的情况适合。外生式指借助于外部的信息，如评价者的信誉值，如 Resnick[121]将节点的信誉直接作为反馈可靠度；Gianluca[186]加入了反映反馈者个人信息的参数修正了信誉作为反馈可靠度的计算；Xiong 提出的 PeerTrust－TVM 算法[60]，即使用节点全局信誉度量节点反馈的可靠程度；Kamvar[61]、Xiong[60]还提出依靠节点反馈相似性进行反馈可靠度计算，虽然从信誉的构造上，基于反馈相似性计算反馈可靠度比以节点信誉作为反馈可靠度的做法更合理，但是移动服务交易的稀疏性也难以保障可以为用于计算相似度的参照节点寻找足够的共同交易节点，同时进行全局的反馈相似度计算通常会带来较高的计算代价。

信任具有上下文相关性，上下文相关性对于开放式网络环境中的应用至关重要[70]。在移动服务交易环境下，上下文影响着交易者对风险的感知，所以信誉反馈必须区分不同上下文。而且经常出现在某个上下文中没有足够信任信息，但在其他相关上下文中有大量信任信息的情况，因此有必要利用相关证据推算信任度，进行映射[183]。上下文感知的信任管理的已有研究包括 Liu 等人[187]提出的信任模型加入了时间和服务类别两种上下文信息，但相关度是固定的。Quercia 等人[28]将上下文作为信任值的一部分，在计算信任值时只考虑了来自同一个上下文中的评价信息。Zhu 等人[29]考虑了环境对节点行为的影响，从环境较差的地区得到的信任信息会被抵消一部分，他们假设所有节点都诚实地给出评价，然而这个假设是不现实的。杨超等人[71]在信誉系统考虑了交易额度、交易时间等上下文因素，但它是针对传统电子商务，没有考虑移动服务拍卖环境中的位置因素。信任还具有非对称性，即成员 A 对 B 在特定背景中具有某个信念并不等价于 B 对 A 在相同背景下有相同的信念[70]。

本章所研究的信誉计算模型是在服务买方视角下，通过交易历史记录计算节点作为卖方的信任值。主要工作如下：

（1）在反馈可靠度计算中，结合了内生式与外生式思想对反馈的可靠性进行度量，通过反馈评价数量度量反馈信誉的稳固度，并考虑了反馈节点与其他节点评价的差异性对反馈的可靠性进行度量，避免了未考虑信誉反馈聚合的数量而导致的信誉聚合的偶然性。

（2）结合移动服务交易环境因素，将时间、位置、交易金额因素从交易风险的角度转换为上下文影响因子，参与到基于信誉反馈的信任计算中。

第三节　移动服务交易信任管理模型

一、基本概念

结合移动服务拍卖的特点和已有研究成果，给出以下几个基本概念的描述与定义。

定义6.1：信任 T：是在给定背景和时段中，买方 A 对卖方 B 交付双方约定的服务的意愿和能力的信念。信任度是信任的量化，表示相信的程度，有时也简称信任，本文中信任 $T \in [0,1]$，0 表示完全不信任，1 表示完全信任。

定义6.2：反馈评分 f：在一次交易后，服务的买方 A 根据自己所得到的服务情况，对服务的卖方 B 所做的一次评价。反映了用户的满意程度，是信任值计算的基础。

定义6.3：反馈的可靠度 C_r：买方 A 对卖方 B 做出的反馈 f 的可靠性度量。在计算信任度时，引入反馈可靠度是为了降低不实反馈在信任加权时的权重，在计算 C_r 时，本文考虑移动服务交易的稀疏性和不实反馈问题，同时引入稳固度降低少量反馈造成的偶然信誉，提出的基于偏移度的反馈可靠度计算方法，详细计算见本节第三部分。

定义6.4：交易上下文影响因子 a：上下文信息集合为 $C = \{C_1, \cdots, C_n\}$，a 为集合 C 对节点信任 T 计算的综合影响。移动服务拍卖环境下，C 随交易背景动态变化的，本文在移动服务交易环境下，主要考虑了交易时间、交易位置、交易额度三个因素，具体计算见本节第四部分。

二、模型工作流程

信任计算模型的工作流程如图6.1，当买方 A 在选择与卖方 B 交易前，需要查询 B 的信任值，系统将从交易数据库中获取 B 的历史反馈评分，计算反馈可靠度 C_r；并获取 A 当前的交易上下文信息与 B 的历史交易上下文信息，完成上下文映射，从而得到 A 对 B 相对于本次交易环境的信任值 T。A 根据系统计算得到的信任值决策是否进行交易，交易成功后需要做出反馈评价，并记录到数据库中。

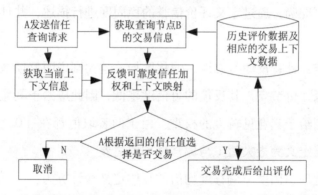

图6.1　信任系统工作图

三、基于偏移度的反馈可靠度计算

在移动拍卖系统中，节点身份分为卖方和买方节点。

（1）Seller：卖方节点，表示为 S_j，j 为节点编号。该节点可向 Buyer 节点出售某种服务。

（2）Buyer：买方节点，表示为 B_i，i 为节点编号。该类节点可向 Seller 节点购买服务，并进行反馈评价。

f_{ij} 表示 B_i 节点对 S_j 节点所做出的评价，取值 $\{1, 0, -1\}$，分别代表好评，中评，差评，这种简单的反馈评分适合应用于移动服务环境中。如果需要计算 S_j 的信任值，需要加权所有与 S_j 有交易的 Buyer 节点 $\{B_1, B_2, \cdots, B_i\}$ 对其的反馈，反馈可靠度计算的基本思想为：

第一步：计算节点反馈偏移度向量。遍历 B_i 节点所有评价过的节点 $\{S_1, S_2, \cdots, S_k\}$，并计算 B_i 节点以往与所有 S 交易中，给出的评价与各个 S 所获得的平均评价的偏移度，可以得到 B_i 的偏移度向量 $\{P_{i1}, P_{i2}, \cdots, P_{ik}\}$。

第二步：计算偏移度均值。由于计算各个 S_j 的平均评价时，依据的数据量存在差异，很明显，大量评价计算而得的均值比少量评价计算而得的均值更准确，通过定义评价信誉的稳固度进行描述，并计算偏移度均值。

第三步：计算反馈可靠度。偏移度均值越大则说明反馈节点很可能是一个恶意评价节点，其反馈的可信度越低，因此应给予其意见较小的权重；否则给予其意见较大的权重。由于两者取值都在 $[0, 1]$ 之间，反馈可靠度定义为最大值 1 与偏移度均值之差。

偏移度、稳固度、偏移度均值的具体定义和计算为：

定义 6.5：偏移度 P：设 B_i 对 S_j 所做出反馈 f 的均值为 R_{ij}，S_j 所收到的除 B_i 以外的反馈 f 的均值为 R_j，定义两者之差为反馈的偏移度。

$$p_{ij} = \mid R_{ij} - R_j \mid \tag{6.1}$$

定义 6.6：稳固度 L：设评价信誉来源于 S_j 提供的 N 次服务，S_j 接收到 N 次评价，即稳固度反映了计算评价值所依据数据量的多少，数据量越多，越能反映出信任的稳定性，数据量越少，信任越倾向于偶然。

$$L_{S_j} = N \tag{6.2}$$

定义6.7：偏移度均值 $\overline{P}$：B_i 节点在整个社区中对所有节点评价的平均偏移度。可由与 B_i 相交易的各个 S_j 信誉偏移度稳固度通过加权计算。

$$\overline{P_{ij}} = \frac{1}{\sum_{j \subset U} L_{S_j}} \left(\sum_{j \subset U} L_{S_j} \times p_{ij} \right) \tag{6.3}$$

评价者给出的反馈与服务卖方所得到的反馈平均偏移度越大，则表示评价者的反馈可靠度越小，反馈可靠度的取值应该在 [0, 1] 之间，所以反馈的可靠度 C_r 计算如下。

$$C_{r_{ij}} = 1 - \overline{P_{ij}} \tag{6.4}$$

四、交易上下文影响因子计算

上下文信息集合为 $C = \{C_1, C_2, \cdots, C_n\}$，$C_i$ 是与交易相关的具体的信息。由于上下文信息将直接影响买方对风险的感知，而不同风险环境下产生的反馈对信任的计算价值也不同。根据移动 C2C 服务特点，本文将交易上下文相关信息分为交易额度、交易时间、交易地点进行衡量。

（1）交易额度 C_v：交易额度是影响交易双方对风险感知的重要因素[13]。额度越高，交易失败给交易方造成的损失也将相对较大，这也使得选择交易的决策越谨慎。所以在进行高额度服务交易时，双方依然采取诚信的交易行为与低额度相比，前者带来的信誉增值应更大。为此引入交易额度参数，并对不同额度区间划分出不同的风险等级。

（2）交易时间 C_t：移动服务交易是突破了时间限制，进行服务拍卖后，买方需要在卖方所限定的时间内进行消费，从社交行为来看，不同的时间风险性不一样，例如，人们一般认为白天交易比晚上交易的风险低，所以对进行的交易的服务时间按不同的时段可区分为不同的风险等级。

（3）交易地点 C_p：在选择服务交易时，交易地点给人们带来的直观风险度也是不一样的。例如，我们一般认为在公共场合比偏远地区安全等。所以对进行的交易的服务地点按不同的地段特性区分不同的风险等级。

采用三分制来区别每个因素的风险等级 $\{0, 0.5, 1\}$，0 表示低风险，0.5 为中度风险，1 为高风险。在操作中，可以通过维护一张风险列表将具体上下文信息进行转换，如表 6.1，表中区间参数值可由用户设置，也可由系统设置。

表 6.1 上下文信息风险列表

上下文	低 （0）	中 （0.5）	高 （1）	说　明
C_v	m_1	m_2	m_3	m_1，m_2，m_3 为额度区间
C_t	t_1	t_2	t_3	t_1，t_2，t_3 为时间区间
C_p	z_1	z_2	z_3	z_1，z_2，z_3 为地区区间

本文虽然考虑了影响移动服务交易的典型的三个上下文因素，但在具体交易环境中，每种因素对不同用户和不同交易类型也存在个体差异性，所以计算上下文影响因子 α 时，可以对三个风险度进行加权计算，如公式 （6.5），从而可以通过 α 的值实现上下文之间的映射。

$$\alpha = W_v \cdot C_v + W_t \cdot C_t + W_p \cdot C_p \qquad (6.5)$$

其中 W_v，W_t，W_p 分别为 C_v，C_t，C_p 的风险权重，可由用户设置，也可系统默认，取值 $\in [0, 1]$，且 $W_v + W_t + W_p = 1$；C_v，C_t，C_p 取值 $\in [0, 1]$，所以上下文因子 α 的值 $\in [0, 1]$。

五、综合模型

有了反馈可靠度 C_r 的值，根据基于信誉的信任管理思想则可以对

反馈进行加权得到 S 的信任值。同时在移动服务交易环境下，信任的上下文也很重要。所以在加权计算的同时也需要将 B 历史交易的上下文因子与本次交易上下文影响因子进行映射。映射的思想为：交易风险大的反馈评价比交易风险小的反馈更容易让人们产生信任，而交易风险小的交易反馈则需要进行一定的折算，信任计算公式定义如（6.6）。

$$T(S_j) = \frac{C_{r_{ij}}}{\sum\limits_{i \subset U} C_{r_{ij}}} \times f_{ij} \times D_{ij}, \begin{cases} D_{ij} = 1 & if(\alpha_k \leq \alpha_{ij}) \\ D_{ij} = \alpha_{ij} / \alpha_k & if(\alpha_k > \alpha_{ij}) \end{cases} \tag{6.6}$$

其中 C_r 为反馈可靠度，f 为反馈，U 为所有反馈集，D 为上下文映射因子，α 为单次交易上下文影响因子，α_{ij} 为 S_j 节点第 i 次交易的上下文影响因子，α_k 为本次交易的上下文影响因子。

第四节　实验研究

传统的信任计算采用均值模型，PeerTrust - TVM 模型[8] 使用节点全局信誉度量节点反馈的可靠程度，而本文所设计的反馈可靠性度量是将全局反馈偏移度作为节点反馈可靠程度，以下将通过实验分析本文模型的优越性。为了验证模型信任计算的准确性，设定如下信任计算误差指标[7]：

（1）恶意节点信任计算误差 MCE（Malicious Compute Error）

$$MCE = \frac{1}{m} \sum_{i=0}^{m} T(S_i) \tag{6.7}$$

其中 m 为恶意 Seller 数量，$T(S_i)$ 为第 i 个恶意 Seller 节点的信任值。

（2）诚信节点信任计算误差 HCE（Honest Compute Error）

$$HCE = \frac{1}{h} \sum_{j=0}^{h} (1 - T(S_j)) \tag{6.8}$$

其中 h 为诚信 Seller 数量，$T(S_j)$ 为第 j 个诚信 Seller 节点的信任值。

（3）全局信任计算误差 GCE（Global Compute Error）

$$GCE = \frac{1}{m + h} (\sum_{i=0}^{m} T(S_i) + \sum_{j=0}^{h} (1 - T(S_j))) \tag{6.9}$$

很明显，MCE，HCE，GCE 指标值越小，模型计算的准确性越高。

一、由反馈可靠度带来的信任评估误差

考虑 PeerTrust－TVM 模型主要是对反馈可靠度进行建模计算，故在本实验对比中暂时未设置上下文影响因子中相关参数。主要实验参数描述如下：

（1）节点数量：实验中分别设置 Seller 节点 50 个，Buyer 节点 100 个，这些节点将随机发生交易。

（2）节点类型：分为恶意节点和诚信节点，Seller 节点和 Buyer 节点都分别从 10% 到 50% 之间逐渐变化，恶意 Seller 提供劣质服务，诚信节点提供优质服务。

（3）交易数量：在实验仿真中，模拟一定数量交易，交易次数不固定，遵循诚信节点只和恶意节点进行 1 次交易，恶意节点之间、诚信节点之间随机交易 0 到 20 次。

假设 Seller 节点提供的劣质服务，诚信 Buyer 节点以 90% 的概率给予 －1 的反馈评分，恶意的 Buyer 节点将给出 ＋1；Seller 节点提供的优质服务，诚信 Buyer 节点以 90% 的概率做出 ＋1 反馈评价，恶意节点做出相反的反馈评分 －1。实验结果如图 6.2、6.3、6.4 所示。假定一个运营的电子商务系统中恶意节点的比例不高于 50%，当社区中的恶意

节点数量增加时，平均模型、PeerTrust 和本文模型对恶意节点、诚信节点以及系统整体信任计算误差都随着恶意节点比例增加而增大，主要是因为信誉系统中依靠的是集体反馈。当恶意比例提高到一定程度，反馈聚合值更容易被不实反馈干扰。而平均模型中未考虑反馈可靠度，所以三个误差指标随恶意节点比例增多而增加得最快。进一步分析，图 6.2 是对恶意节点的信任计算误差，根据实践经验，实验中设置交易次数并不为固定次数，且诚信节点与恶意节点不会发生反复交易，恶意 Seller 节点的信誉更容易由恶意 Buyer 节点反馈决定。由于 PeerTrust 中反馈可靠度指标未考虑反馈数量，在反馈加权时造成的信任误差比本文模型更高。图 6.3 是对诚信节点的信任计算误差，诚信节点之间更容易达成交易，交易次数相对偏多。所以不管是采用全局信誉作为反馈可靠度的 PeerTrust 模型还是本文模型 HCE 指标都比较低，而本文更有利于排除偶然信任问题，相对应误差值略低于 PeerTrust。同时考虑到反馈可靠度的计算是排除当前节点反馈信息，这样也降低了恶意节点企图通过多次交易反馈淹没诚信反馈的可能性。但是随恶意节点增多，社区中总交易次数会慢慢减少，最后导致人们对市场失去信心。综上所述，对于 MCE 和 HCE 两个指标，本文模型都比对比模型低，由此得到图 6.4 中全局计算误差 GCE 也相应最低。

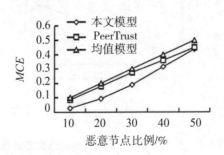

图 6.2　恶意卖方信任评估误差结果

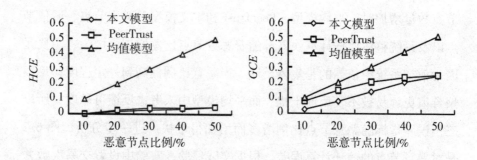

图 6.3　诚信卖方信任评估误差结果　　　图 6.4　全局信任评估误差结果

二、由交易上下文带来的信任评估误差

为了防止节点通过低风险交易提高信任值，在高风险的交易中实行欺诈行为，本文模型中考虑了交易上下文风险因素，很多模型中并未考虑这个因素，为验证模型抵抗此类交易信誉欺诈的性能，进行仿真实验，仍然设置 Seller 节点 50 个，Buyer 节点 100 个，两类节点随机进行一定数量交易，交易次数满足 [1, 20] 区间均匀分布，各因素风险权值相同。实验中假定 Seller 节点从 10% 到 50% 采取 p 概率进行低风险交易获取高信任值的交易，p 取 90%。而其他诚信节点进行低风险交易的概率为 10%，实验结果如图 6.5。

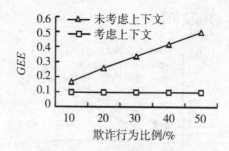

图 6.5　上下文带来的全局信任评估误差结果

由图 6.5 可以看出，在信任评估时，如果未考虑上下文因子，当恶意节点实施低风险交易骗取信任时，节点的信任评估误差随欺诈比例的增加而大幅度增大。相反，如果考虑了上下文因子，全局的信任评估误差很低，几乎不随欺诈比例增加而增大，这主要是由于在查询节点信任时，依据的映射规则是只有高于本次交易的上下文因子的交易才能直接用于信任计算，而较低的上下文因子都需要映射到当前上下文，避免了依靠低风险交易榨取高信任的交易欺诈。

第五节　本章小结

本章提出的面向移动服务拍卖交易的信任计算模型不仅考虑反馈评价差异特点，同时兼顾了反馈数量特征，符合建立在更多的信誉反馈基础之上的信任评估比建立在少量反馈上更可信的一般规律。在信任计算时候定义反馈偏移度和稳固度，度量了反馈偏移度均值，将其作为信任聚合的加权依据，仿真结果也表明，对系统中的诚信节点、恶意节点以及整个系统全体节点的信任评估误差都优于对比方法。同时信任计算模型中将上下文与移动交易的风险级别相关联，在信任计算中将交易时间、交易额度、交易位置因素作为上下文因子，实现了一种不同上下文因子动态信任映射机制。而在上下文相关的低风险信任欺诈的仿真实验中，模型也体现出抗欺诈性。

第七章

社交信任下的可信服务推荐方法

随着能满足用户需求的服务海量增加，推荐系统成了用户解决服务信息过载的重要手段。传统的协同过滤推荐方法普遍存在着数据稀疏、冷启动的问题，且大多数以用户评分作为判断用户相似性的基础，这使得恶意用户能够轻易复制、模拟目标用户的行为，并进行恶意推荐。针对以上问题，文中将 Mark Granovetter 所提出的社会网络理论引入服务推荐方法中，将用户之间的社交关系热度、社交关系亲密度及推荐用户的社交关系核心度作为社交信任因素进行考虑，同时对用户的服务评分进行加权计算，并考虑推荐用户的服务认知程度，提出了一种基于社交信任的可信服务推荐方法。实验结果表明：与现有的其他推荐方法相比，该方法在平均绝对误差和均方根误差上都取得了更好的计算结果，并且该方法能够较好地抵抗用户的恶意推荐攻击。本章内容根据文献[256]整理而成。

第一节　服务推荐

随着社会网络和移动计算技术的不断发展，越来越多的能够满足用户各种需求的服务不断涌现，服务信息严重过载。如何从这些数量庞大的服务中，选取出符合用户个性化需求的服务，成了用户需要面对的一个难题。因此，推荐系统应运而生，通过挖掘用户的兴趣偏好及行为特点，分析服务的属性特征，来为用户进行服务推荐。

　　传统的协同过滤推荐方法大多通过对用户之间服务评分进行对比，计算用户的偏好相似程度，然后根据该项指标，对目标用户进行服务推荐[204]。但在实际的社会网络中，评分数据稀疏问题往往是常见的，要精确计算用户之间的偏好相似度显得较为困难。为此，许多研究将用户之间的信任引入推荐系统中，认为用户对于自己信任的朋友，往往容易接受其推荐的服务，同时假定相互信任的朋友，其偏好相似度也相关。

$$
\begin{array}{cccc}
 & I_1 & \cdots & I_n \\
U_1 & \begin{pmatrix} R_{11} & \cdots & R_{1n} \\ \vdots & \ddots & \vdots \\ R_{m1} & \cdots & R_{mn} \end{pmatrix} \\
\vdots & & & \\
U_m & & &
\end{array}
$$

图7.1　用户—服务评分矩阵图

　　在计算用户的偏好相似度时，目前的研究都需要对每个用户所使用过的服务提取一次评分，建立图7.1所示的用户—服务评分矩阵。用户 U_i 对服务 S_j 进行评分，生成 $R_{i,j}$，然后在 $R_{i,j}$ 的基础上，进行用户偏好相似度的处理。实际上，用户 U_i 可能对服务 S_j 进行多次使用，产生多次评分。并且，由于服务质量可能随时间的流逝而变化，因此应该对用户的服务评分进行加权处理，而不是对 $R_{i,j}$ 只采样一次。同时，基于服务评分来比较用户间的偏好相似度，容易让恶意用户可以通过模拟、复制目标用户的服务评分来提高自己与目标用户的相似度，再进行恶意推荐，以谋取不当利益[15]。

　　对于用户之间的信任值，现有的推荐方法一般采取三种方式进行处理：一是由用户自身设定；二是将用户之间共同评分的服务数量来作为衡量信任值的依据；三是直接借用电子商务中信任管理的信任计算方式。实际上，信任是个主观的概念，用户很难清楚地表达自己对其他用户的信任程度[205]，而共同评分的服务数量，显然并不能够表达出社会网络中用户之间的信任关系。

针对上述问题，本文将 Mark Granovetter 所提出的社会网络理论引入服务推荐方法中[206]，将用户之间的社交关系热度、社交关系亲密度及推荐用户的社交关系核心度作为社交信任因素进行考虑，同时对用户的服务评分进行加权计算，并考虑推荐用户的服务认知度，提出了一种社交信任下的可信服务推荐方法。与现有的其他推荐方法相比，该方法在 MAE 及 RMSE 值上都取得了更好的计算结果，并且该方法能够较好地抵抗用户的恶意推荐攻击。

第二节　服务推荐相关研究

协同过滤技术自 1992 年被 Goldberg 提出以来，被广泛应用于推荐系统的研究之中。在实际的应用中[36]，协同过滤技术存在数据稀疏和冷启动的问题，往往难以找出足够多的与目标用户偏好相似的推荐用户。

为了解决评分数据稀疏情况下的推荐问题，很多研究提出了社会化推荐方法。该方法以用户的社会关系网络为基础，即使在评分数据稀疏的情况下，也可以构建出目标用户的偏好模型，对目标用户进行服务推荐[204]。而信任关系是社会网络的重要基础，因此，从信任角度来研究推荐成了社会化推荐方法的重要方向。

目前从信任角度来研究的社会化推荐方法可以分为三类：

（1）将信任与协同过滤方法进行融合。文献[207]将用户之间的互动次数和互动时长作为信任计算的依据，提出了一种基于朋友信任度的协同过滤推荐方法。文献[208]将图像研究中常用的距离计算方法 EMD 用于移动用户的相似度计算，提出了一种将项目特征和用户的信任关系结合起来的协同过滤推荐算法。文献[209]将蚁群算法融入协同推荐方法中，用信息素的方式进行用户之间的信任更新，并根据用户之间的联系紧密情况构建用户的信任网络，再依据信任强度和联系紧密度进行服务推荐。

（2）根据用户间的信任关系构建信任网络，进行服务推荐。文献[210]根据小世界理论对用户的信任网络进行构造，将用户之间的信任关系、推荐用户的角色影响力、属性相似关系等因素进行融合，为目标用户进行服务推荐。文献[211]提出了一种基于用户信任和张量分解的推荐方法，对于不同的物品类别，将目标用户的朋友进行不同的信任度区分，以获得更加精确的推荐值。文献[168]将用户偏好、专业程度等因素作为目标用户的个性化属性，将信任、社会亲密度、交互上下文作为目标用户和推荐用户的共同属性，提出了一种社会上下文信任感知的服务推荐方法。文献[212]根据用户的历史交易，从仁慈、能力、诚实、可预测性四个角度来计算推荐用户和目标用户之间的信任值和不信任值，以此来进行相关的服务推荐。

（3）根据用户间的信任关系，来考察服务推荐的可靠性。文献[213]针对社交网络中的陌生推荐往往存在安全隐患的问题，将社交网络中用户的角色、推荐路径、可信程度、控制规则等因素进行整合，计算出来自陌生用户推荐的可信程度，同时定义了一组管理规则来控制社交网络中的推荐行为。文献[15]通过引入服务的属性特征，基于传统的 Beta 模型来计算用户之间的信任关系，构建出目标用户的可信邻居用户联盟，然后通过该可信联盟，进行服务推荐。文献[14]根据用户之间的友谊路径长度、位置关系，来计算用户之间的信任程度，然后根据信任度来为移动环境下的用户进行位置相关的可信服务推荐。文献[214]根据社交网络中用户个体自身的主观信任和客观信誉来计算推荐的可选择程度、客观符合度和复杂路径下的推荐信任值，并给出了一个社交网络推荐信任计算架构，以有效地识别出恶意推荐用户。

综合分析，现有的服务推荐方法存在以下问题：（1）建立的用户－服务评分矩阵不科学。应该对用户—服务评分矩阵的 $R_{i,j}$ 值以评价时间为基础进行加权处理，而不是只采样一次。（2）偏好相似度的计算方法单一。目前的大多数推荐方法都是基于用户的服务评分来计算用户之间的偏好相似度。（3）对于用户之间的信任计算不够精确。对于用户之间的信任度的计算，现有的方法一般采用三种方式：一是由用户自己设定，但由于信任是一种主观判断，用户往往难以精确地表达出自己的信任数值[215-216]；二是由共同评价的服务数量来确定，却未考虑到社会网络中的其他重要因素，如交互次数、亲密度等；三是直接借用电子商务中信任管理的信任计算方式，却未将服务推荐中的用户信任与电子商务中的信任区别开来。

第三节　社交信任下的可信服务推荐方法

一、偏好相似度的计算

定义 7.1：服务的加权评分值是指同一用户对同一服务进行多次评分时，对这些评分值进行加权计算生成的一个综合评分值。对于服务行业来讲，其服务质量常常是时间敏感的，比如，餐厅在经营一段时间后，可能因为某位师傅的离开，而服务质量下降；而旅游行业也可能因为淡季和旺季接待游客压力不同而产生巨大的服务质量偏差。因此，本文假定用户评分只在某个时间阈值内有效，对于时间阈值内的用户评分，如果存在多次，则计算其加权评分值，计算方式如公式（7.1）所示。

$$\overline{R}_{iw,s} = \begin{cases} 0, & T_{r1} < T_{th} \\ \dfrac{\sum\limits_{k=1}^{n} \left(\left((T_{ik} - T_{th})/(T_s - T_{th}) \right) \times R_{ik,s} \right)}{\sum\limits_{k=1}^{n} \left((T_{ik} - T_{th})/(T - T_{th}) \right)} & T_{rn} > T_{th} \end{cases} \quad (7.1)$$

其中，$\overline{R}_{iw,s}$ 表示用户 u_i 对服务 s 的加权评分，$R_{ik,s}$ 表示用户 u_i 对服务 S 的第 k 次评分，T_{th} 表示时间阈值，T_{i1} 表示用户 u_i 最近评分的生成时间，T_{in} 表示大于时间阈值 T_{th} 的最早评分生成时间。当用户评分产生的时间 T_{ik} 都小于 T_{th} 时，则用户评分加权值 $\overline{R}_{iw,s}$ 为 0。根据公式（7.1），如果用户的评分时间离当前系统时间越近，则其权重越大。

在得到用户的加权评分 $\overline{R}_{iw,s}$ 后，我们便可以利用 $\overline{R}_{iw,s}$ 进行用户的偏好相似度计算，如公式（7.2）所示。

$$Sim(i,j) = \frac{\sum\limits_{S_k \in S_{i,j}} (\overline{R}_{iw,k} - \overline{R}_i) \times (\overline{R}_{jw,k} - \overline{R}_j)}{\sqrt{\sum\limits_{S_k \in S_{i,j}} (\overline{R}_{iw,k} - \overline{R}_i)^2} \times \sqrt{\sum\limits_{S_k \in S_{i,j}} (\overline{R}_{jw,k} - \overline{R}_j)^2}} \quad (7.2)$$

其中，$Sim(i,j)$ 表示用户 u_i 和用户 u_j 的偏好相似度，$S_{i,j}$ 表示用户 u_i 和用户 u_j 共同使用过的服务集，$\overline{R}_i$、$\overline{R}_j$ 表示用户 u_i、u_j 对 $S_{i,j}$ 中所有服务评分的均值。$\overline{R}_{iw,k}$、$\overline{R}_{jw,k}$ 表示用户 u_i、u_j 对服务 S_k 的加权评分值。由公式（7.2）可知，$Sim(i,j) \in [-1,1]$，-1 表示 u_i、u_j 偏好完全负相关，1 表示两用户偏好完全正相关。为了便于计算，我们对公式（7.2）进

行归一化处理，如公式（7.3）所示。

$$Sim(i,j)' = 0.5 + \frac{Sim(i,j)}{2} \tag{7.3}$$

这样，处理后的 $Sim(i,j)' \in [0,1]$。

二、社交信任度的计算

在社会网络中，人们往往对社交关系中熟识的人群更加信任，而更加相信他们的推荐[217]。如当下火热的朋友圈微商经济，便是通过微信平台在亲朋好友间展开。因此，在计算用户推荐时，必须要考虑社会网络中的社交信任因素。社会网络理论的创始人之一、美国社会学家格兰诺维特指出，个人的社会网络关系包括强关系和弱关系，其中，强关系表达的是联系紧密的圈子，主要依靠血缘、感情、利益等因素进行连接；弱关系通常是强关系的扩展，维系连接着不同的强关系圈子，其用户之间的关联较为松散。强关系强调用户之间的同质性，而弱关系强调关系之间的异质性[206]。

定义7.2：社交关系热度是指根据用户 u_i 与用户 u_j 的互动频繁程度而表达出的用户 u_i 与用户 u_j 的社交关系亲热程度。在社会网络中，人们通常对自己经常互动的人更加信任。社交关系热度的计算方式如公式（7.4）所示。

$$Hot_{i,j} = \frac{D_{i,j} - D^i_{min}}{D^i_{max} - D^i_{min}} \tag{7.4}$$

其中，$Hot_{i,j}$ 表示用户 u_i 对于用户 u_j 的社交关系热度，$D_{i,j}$ 表示用户 u_i 与用户 u_j 的互动次数，D^i_{max} 表示用户 u_i 与其他用户的最大互动次数，D^i_{min} 表示用户 u_i 与其他用户的最小互动次数。显然，用户之间的互动次数越频繁，其社交关系也越亲热。

定义 7.3：社交关系亲密度是指根据用户 u_i 与用户 u_j 之间社交圈子关系而表达出的用户 u_i 与用户 u_j 的亲密程度。该项指标主要表达的是用户之间的血缘、地缘、亲情等因素作用。如在一个基于血缘关系的圈子中，用户 A 是用户 B 的侄子，也许 A 和 B 的交互次数较少，但用户 A 依旧比较信任用户 B，因为他们具有血缘关系亲密度。在一个血缘、地缘关系圈子中，关系越亲密，共同交互对象越多，因此，我们采用共同交互对象数量来进行表达社交关系亲密度，采用公式（7.5）计算。

$$Int_{i,j} = \begin{cases} 1, & log_2 \dfrac{\overline{T}_e + C_{i,j}^f}{\overline{T}_e} \geq 1 \\[3mm] log_2 \dfrac{\overline{T}_e + C_{i,j}^f}{\overline{T}_e}, & \text{otherwise} \end{cases} \qquad (7.5)$$

其中，$Int_{i,j}$ 表示用户 u_i 与用户 u_j 的社交关系亲密度，$\overline{T}_e$ 表示社会网络中个体之间的平均共同交互对象数量，$C_{i,j}^f$ 表示用户 u_i 与用户 u_j 之间的共同交互对象数量。

定义 7.4：社交关系核心度是对用户在所处的社会圈子中的核心程度的表达。通常来讲，在一个小型社会网络或一个朋友圈中，总有部分人员是所谓核心成员，对其他成员的影响力较大，即所谓意见领袖。显然，对于意见领袖，他所推荐的信息或者服务，往往能够得到更多人的认可，其接受度较高。因此，本文将社交关系核心度也作为推荐可信度的一个重要因素来考虑。社交关系核心度的计算方式如公式（7.6）所示。

$$Co_j = \begin{cases} 1, & \dfrac{S_j^r}{\overline{S_a^r}} \times \dfrac{\sum\limits_{l=1}^{n} D_{j,l}}{\overline{S_a^r} \times \overline{D_a}} \geq 1 \\[4ex] \dfrac{S_j^r}{\overline{S_a^r}} \times \dfrac{\sum\limits_{l=1}^{n} D_{j,l}}{\overline{S_a^r} \times \overline{D_a}}, & \text{otherwise} \end{cases} \qquad (7.6)$$

其中，Co_j 表示用户 u_j 的社交关系核心度，$\overline{S_a}$ 表示社会网络中所有个体的平均交互对象数量，S_j^r 表示用户 u_j 的交互对象数量，$D_{j,l}$ 表示用户 u_j 与用户 u_l 之间的共同交互对象数量，$\overline{D_a}$ 表示社会网络中所有个体的平均交互次数。公式（7.6）以 S_j^r 为分子，以 $\overline{S_a^r}$ 为分母，可以有效防止某个用户单独与少数几个用户进行高频次交互，而刷取社交关系核心度的欺诈行为。

定义 7.5：社交关系信任度是指在社会网络中，根据用户 u_i 与用户 u_j 之间的社交关系亲密度 $Int_{i,j}$、社交关系亲热度 $Hot_{i,j}$，及用户 u_j 的社交关系核心度 Co_j，得到的用户 u_j 相对于用户 u_i 的社交关系可信程度。由于用户之间存在的交互有两种情况：一种是直接交互；还有一种是间接交互，即通过其他的用户产生的交互。本文将具有直接交互关系的社交关系信任度称为直接社交关系信任度，而将没有直接交互的社交关系信任度称为间接社交关系信任度。其中，直接社交关系信任度的计算方式如公式（7.7）所示。

$$Cre_{i,j}^d = \alpha \times Int_{i,j} + \beta \times Hot_{i,j} + \lambda \times Co_j \qquad (7.7)$$

公式（7.7）采用线性方法对社交关系亲密度 $Int_{i,j}$、社交关系亲热度 $Hot_{i,j}$ 及推荐用户的社交关系核心度 Co_j 三个因素进行综合，$Cre_{i,j}^d$ 指推荐用户 u_j 对于目标用户 u_i 的直接社交关系信任，$\alpha + \beta + \lambda = 1$，其值的设定，可以根据行业不同，而设定不同的值。

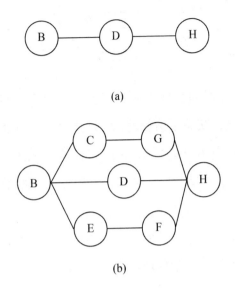

(a)

(b)

图7.2　间接社交关系交互路径示例图

开放社会网络中的信任是主观的、非对称的、可传递的[218]。本文根据小世界理论[219]，将间接社交关系信任度的最大路径深度设置为6，按照广度优先搜索算法对目标用户到推荐用户之间的路径进行搜索，并对串联、并联路径的间接社交关系信任度进行区分。对于串联路径，其间接社交关系信任度按照公式（7.8）进行计算。

$$Cre_{i,j}^{ind,s} = \prod_{l=i}^{j-1} Cre_{l,l+1}^{d} \tag{7.8}$$

其中，$Cre_{i,j}^{ind,s}$ 是指目标用户 u_i 与推荐用户 u_j 在串联路径下的间接社交关系信任度。假定存在图7.2（a）所示的间接社交关系交互路径图，那么用户 u_b 与用户 u_h 之间存在串联路径，$P_{b,h} = < u_b, u_d, u_h >$，按照公式（7.8）进行计算，得到用户 u_b 与用户 u_h 的 $Cre_{b,h}^{ind,s}$ 值。而对于并联路径，其社交关系信任度则按照公式（7.9）进行综合计算。

$$Cre_{i,j}^{ind,p} = \frac{\sum\limits_{l=1}^{n} \dfrac{1}{P_l} \times Cre_l^{ind,s}}{\sum\limits_{l=1}^{n} \dfrac{1}{P_l}} \qquad (7.9)$$

其中，$Cre_{i,j}^{ind,p}$ 是指对目标用户 u_i 与推荐用户 u_j 之间的并联路径进行综合处理后的间接社交关系信任度，P_l 是指每条子路径的长度。根据图 7.2（b），用户 u_b 与用户 u_h 之间存在三条串联子路径 $P_1 = <u_b, u_c, u_g, u_h>$，$P_2 = <u_b, u_d, u_h>$，$P_3 = <u_b, u_e, u_f, u_h>$，根据公式（7.9），先计算 $Cre_1^{ind,p}$、$Cre_2^{ind,p}$、$Cre_3^{ind,p}$ 的值，然后再计算 $Cre_{b,h}^{ind,p}$ 的值，其中 P_2 的路径最短，权重最大，这与现实生活中的情况是相符的，推荐用户和目标用户之间的距离越短，信任值越高。

三、服务认知度的计算

除了用户的偏好相似度、社交信任因素，在信任主体用户计算信任客体的推荐可信度时，也会着重考虑到用户本身是否使用过该类服务，以及用户使用该服务时的真实感受。

定义 7.6：推荐用户的服务认知度是指对于一项服务，推荐用户对该服务的熟悉程度和客观认可程度的表达。通常来讲，如果用户在使用服务后，体验不好，就不会再次使用该服务，相反，如果用户使用该服务较为频繁，证明该项服务能够得到他的认可。因此，在计算推荐用户的服务认知度时，服务的使用次数是重要的考虑因素。而如果用户使用该项服务后，对服务的评价越细致，文字表达越多，也证明他对该服务的客观认知程度越高。因此，推荐用户的服务认知度采用公式（7.10）计算。

$$Sco_{s,j} = \begin{cases} 1, log_{\overline{ua}}(u_{s,j} + 1) \times \dfrac{\sum\limits_{l=1}^{n} Cw_{s,j}^{l}}{2n \times \overline{Cw^{a}}} \geq 1 \\[4mm] log_{\overline{ua}}(u_{s,j} + 1) \times \dfrac{\sum\limits_{l=1}^{n} Cw_{s,j}^{l}}{2n \times \overline{Cw^{a}}}, otherwise \end{cases} \tag{7.10}$$

其中，$Sco_{s,j}$ 代表推荐用户 u_j 关于服务 s 的服务认知度，其值 $Sco_{s,j} \in [0,1]$，$\overline{ua}$ 代表社会网络中的平均用户使用服务次数，$u_{s,j}$ 代表用户 u_j 使用服务 s 的次数，$\overline{Cw^a}$ 代表社会网络中用户评论的平均字数，$Cw_{s,j}^{l}$ 代表用户 u_j 对服务 s 的第 l 次评价字数。

四、社交信任下的服务推荐可信度计算

在得到目标用户和推荐用户的偏好相似度、社交关系信任度以及推荐用户的服务认知度后，便可以进行社交信任下的服务推荐可信度计算。具体计算方式如公式（7.11）所示。

$$Rec_{i,j} = Cre_{i,j}^{ind,p} \times (\delta \times Sim(i,j)' + \varphi \times Sco_{s,j}) \tag{7.11}$$

其中，$Rec_{i,j}$ 代表用户 u_j 对于目标用户 u_i 的基于社交关系的服务推荐可信度，$Cre_{i,j}^{ind,p}$ 代表用户 u_j 对于用户 u_i 的社交关系信任度，$\delta + \varphi = 1$，δ 取值一般大于 φ，因为偏好相似度是用户具备相似服务认知的基础。对于偏好相似度值大和服务认知度较高的推荐用户，如果路径过长，目标用户也不一定会信任，所以这里将 $Cre_{i,j}^{ind,p}$ 作为公式的权重系数。

五、目标用户的服务评分预测

（一）推荐用户集的构建

目前对推荐用户集的构建有两种方式：一种是传统的 $Top-k$ 方法。

这种方式的缺点是当推荐用户数量不多时，容易将一些匹配度不高的推荐用户选进来，降低了推荐的精度。另一种是通过设定阈值的方式进行筛选。该方法的优点是可以保证推荐用户的推荐精度。缺点是如果用户基数不大，则可能推荐用户数量集人数过少；但如果推荐用户群体庞大，则有可能会产生推荐用户集人数过多的情况。因此，本文采用树的广度优先搜索方法，设定目标用户 u_i 为当前节点，按照推荐阈值 Tr_h 和 $Top-k$ 方法相结合的形式来进行推荐用户集的筛选。首先，推荐用户 u_j 和目标用户 u_i 的 $Rec_{i,j}$ 必须大于推荐阈值 Tr_h，如果大于，才将用户 u_j 加入推荐用户集 UC；然后将推荐用户集 $UC = \{u_1, u_2, \cdots, u_n\}$ 的用户元素按照服务推荐可信度 $Rec_{i,j}$ 值从大到小排序，判断 n 是否大于 k；如果是，则只保留前 k 个用户在用户集中，否则用户集的用户数量不变。

（二）目标用户的服务评分预测

在得到了推荐用户集 UC 之后，便可以对目标用户所咨询的服务进行评分预测，其具体的计算方法如公式（7.12）所示。

$$Pv_{i,s} = \overline{R_i} + \frac{\sum_{j \in UC} Rec_{i,j}(\overline{R_{jw,s}} - \overline{R_j})}{\sum_{j \in UC} Rec_{i,j}}) \qquad (7.12)$$

其中，$Pv_{i,s}$ 表示目标用户 u_i 对服务 S 的评分预测，$\overline{R_{jw}}$ 表示用户 u_j 对服务 S 的加权评分，$\overline{R_i}$、$\overline{R_j}$ 表示用户 u_i、u_j 对所有使用过的服务评分的均值，$Rec_{i,j}$ 表示推荐用户 u_j 对于目标用户 u_i 的基于社交关系的服务推荐可信度，UC 表示推荐用户集。

第四节　实验研究

本文的实验硬件环境为：4G 1666 内存，Intel 酷睿 i7 四核 3.40GHz

CPU；软件环境为：Windows 7 操作系统，Java 7.0 开发语言，Eclipse 4.5 集成开发环境，MySQL 5.5 数据库管理系统。

一、数据来源及实验准备

目前用于社会网络推荐系统的公开数据集不多，较为著名的有 Epinions 数据集、MovieLens 数据集和 Hetrec2011 数据集系列等[220]。由于 Hetrec2011 下的 hetrec2011 – lastfm 子数据集包含了用户信息、艺术家信息、朋友对关系、用户对艺术家的聆听次数、用户对艺术家的标注及时间信息，因此，该数据集和本文的方法相对更为匹配。我们在该数据集的基础上，对其加以改造，以适合本文的服务推荐方法。

在 hetrec2011 – lastfm 子数据集中，每名用户的平均朋友人数为 13.443 位，但其共同好友平均数量仅为 0.217，对于本文的方法来讲，依旧是较为稀疏的。因此，我们将朋友数量最多的前 200 名用户提取出来，这样每位用户的共同好友平均数量达到 1.863。在该数据集中，朋友之间的互动次数采用共同评价同一部作品次数来确定，用户对艺术家的评分采用聆听次数来确定，按照公式（7.13）进行处理。

$$R_{i,s} = \frac{listeningCount_{i,s}}{listeningCount_{\max}} \times 5 \qquad (7.13)$$

其中，$listeningCount_{i,s}$ 表示用户 u_i 对艺术家 S 的聆听次数，$listeningCount_{\max}$ 表示艺术家 S 被个人用户聆听的最大次数，$R_{i,s}$ 表示目标用户 u_i 对艺术家 S 的评分，考虑到推荐研究方法常使用的实验数据集如 Epinions、Movielens 等的评分值区间为 [0，5]，所以这里也将 $R_{i,s}$ 的值置于 [0，5] 区间内，以便与其他方法进行对比。最后随机抽取实验数据集的 80% 作为训练数据，进行参数训练，剩下的 20% 作为测试数据。相关的实验数据参数如表 7.1 所示。

表 7.1　实验数据集的相关参数说明

参数名称	取　值	参数说明
Users	200	数据集中的用户数量
Artists	10012	数据集中的艺术家数量
C – friends	1.863	数据集中用户共同朋友数量均值
N – list	29.2	数据集中的用户平均朋友数量

二、评价指标

为了验证本文所推荐方法的性能，我们采用 MAE($Mean\ Absolute\ Error$，平均绝对误差) 和 $RMSE$ (Root Mean Square Error，均方根误差) 评价指标进行实验验证。其计算方式如公式（7.14）和公式（7.15）所示。

$$MAE = \frac{\sum_{i=1}^{N} |R_{i,s} - Pv_{i,s}|}{N} \qquad (7.14)$$

$$RMSE = \sqrt{\frac{\sum_{i=1}^{N} (R_{i,s} - Pv_{i,s})^2}{N}} \qquad (7.15)$$

其中，$R_{i,s}$ 表示用户 u_i 对艺术家 S 实际评分，$Pv_{i,s}$ 表示采用本文方法的目标用户 u_i 对艺术家 S 的评分预测，N 表示测试样例的数量，MAE 被称为平均绝对误差，$RMSE$ 被称为均方根误差，是推荐系统中常使用的两个推荐质量评价指标。

三、实验结果与分析

为了验证本文提出的基于社交信任的服务推荐方法的有效性和抗欺

诈能力，本文选取了文献［209］、文献［14］和文献［221］的方法进行对比。

（一）推荐方法的有效性对比

本实验主要考察本文方法与其他 3 个方法的推荐质量对比。

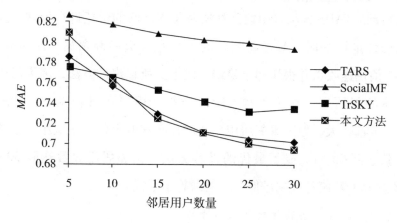

图 7.3　平均绝对误差对比图

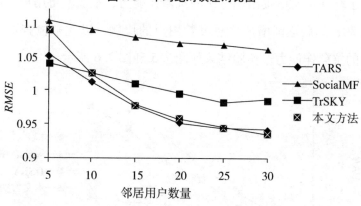

图 7.4　均方根误差对比图

图 7.3 和图 7.4 显示了 4 种方法在不同邻居用户数量情况下的 *MAE* 及 *RMSE* 对比情况。其中，SocialMF 方法采用矩阵分解对社会网络进行服务推荐，并考虑了信任传递的计算问题，下降的趋势较为平稳，但该

方法没有过多考虑用户之间的信任属性特征，所以相对于其他方法，SocialMF 的值相对都较高。TrSKY 方法将用户之间的友谊路径深度作为主要的信任依据，但对用户之间的联系路径深度并没有进行限制，因此，在邻居用户数处于 20 至 30 之间时，MAE 及 $RMSE$ 值反而出现了一定的抖动。TARS 方法采用蚁群算法对用户之间的信任进行处理，当用户邻居数量增加时，最短路径之间的信息素会不断聚集，使 MAE 及 $RMSE$ 值快速收敛并很快趋于稳定。而本文所提出的方法，因为需要一定数量的邻居用户作为支撑，所以当邻居用户数量较少时，MAE 及 $RMSE$ 值都较大，但随着邻居用户的增加，这两个值急剧减小，在邻居用户数达到 25 时，成了最优的推荐方法，在邻居用户数达到 30 时，MAE 及 $RMSE$ 值都降到最低，并逐渐趋于平缓。

（二）推荐方法的抗欺诈能力比较

为了验证本文所提出的方法的抗欺诈能力，本实验将用户邻居数量设置为 30，然后逐渐增加恶意推荐用户的比例，以此来检查这 4 种推荐方法的抗欺诈能力。实验结果如图 7.5 和图 7.6 所示。

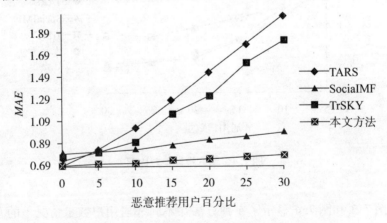

图 7.5　恶意推荐情况下的平均绝对误差对比图

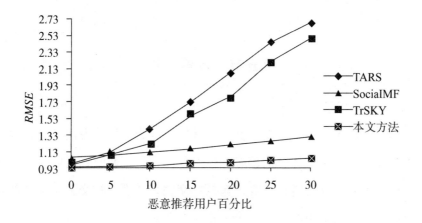

图 7.6　恶意推荐情况下的均方根误差对比图

从图 7.5 和图 7.6 中可以看到，当恶意推荐用户数不断增加，这 4 种方法的 *MAE* 及 *RMSE* 值都呈现了不同程度的上升趋势。其中，SocialMF 方法相对较为稳定，所受干扰不大，因为该方法并没有使用相似度进行服务评价计算，所以采用相似度进行欺诈的行为对其影响不大，但由于其采用邻居用户的特征向量来计算 *MAE* 及 *RMSE* 值，当部分直接邻居存在欺诈行为，仍然会受到影响。而对于 TrSKY 方法和 TARS 方法，都采用了用户相似度进行服务评分预测，并且在计算方法中占有较高的权重，因此受欺诈行为的影响更为严重。本文所提出的方法在抗欺诈方面效果良好，该方法虽然也考虑用户的评价相似度，但还考虑了用户之间的交互热度、亲密度和推荐用户的核心程度，即使存在部分用户通过模拟其评价然后再进行恶意推荐的行为，也会因为社交信任度的因素而将其大部分影响过滤掉。

第五节　本章小结

　　本文提出了一种基于用户社交信任的可信服务推荐方法。该方法首先对传统的基于用户评分的偏好相似度计算进行了修改；然后对用户之间的社交关系信任度进行计算，包括社交关系热度、社交关系亲密度和推荐用户的社交关系核心度三个因素；在此基础上，进一步考虑了推荐用户的服务认知度；最后，对这几个因素进行综合，提出了基于用户社交信任度的服务推荐方法。通过实验与 SocialMF、TrSKY 和 TARS 三个推荐方法进行了对比，结果显示本文的推荐方法不仅在服务推荐的精度上具有优势，而且在抗欺诈方面，也表现出了良好的效果。但由于本文提出的方法计算步骤较多，包括偏好相似度、社交关系信任度和服务认知度的计算，所以运行时间相对较长。在今后的工作中，我们将思考如何简化推荐方法的计算复杂性，同时将用户的地理位置因素、兴趣转移因素等考虑进来，进一步提高推荐方法的计算效率和推荐精度。

第八章

MSN 上下文感知的可信服务推荐方法

服务推荐机制作为一项为用户提供主动、个性化服务的关键技术，是移动社交网络（Mobile Social Network，MSN）的重要研究主题之一。同时，MSN 容易受到各种匿名信息或黑客行为的影响。信任可以降低与陌生实体交互的风险，防止恶意攻击。本文提出了一种基于信任的服务推荐算法，在计算目标用户可信邻居时，考虑了用户的相似性以及朋友之间的熟悉度。首先，使用上下文信息和共同评价项目的数量来定义用户的相似性。然后，以六度空间理论为基础，通过图论方法获取朋友的熟悉度。在推荐阶段考虑用户上下文，进一步增强了所提出的方法的性能。最后，通过一系列模拟仿真实验来评估算法的准确性。结果显示，好友熟悉度以及用户的相似性能够有效提升推荐效果，并且，好友熟悉度比用户之间的相似性作用更大。本章内容根据文献[261]整理而成。

第一节　引　言

在过去的几年中，在线社交网络如 Facebook、Twitter 和 LinkedIn 等的用户经历了近乎爆炸性的增长[222]。同时，随着移动终端设备和基于位置的服务的迅猛发展，社交网络已经从基于 Web 的应用程序迁移到了移动平台。移动计算和社交网络相结合带来了一种新的应用——移动社交网络应用，这在未来几年将会非常重要。手机上最主要的网站是社交网站，如 Facebook、MySpace 和 Twitter，许多社交网络应用程序已经可以在流行的手机平台上使用[223]。MSN 提供了越来越多的服务和内容，这是一种新兴趋势。然而，在线服务信息的快速增长给用户带来了越来越大的挑战，如何从海量的数据中选择满足他们个性化需求的信息。选择用户消费中更值得信赖的服务已经成为一个关键问题。此外，移动社交还提供了用户位置、上下文（如用户使用的终端）、情景上下文（如当前时间或当前活动）、偏好等丰富而独特的上下文感知信息。因此，为了满足访问质量的要求，我们需要使服务信息系统具有位置感知、个性化、时间感知和普遍性。

已有大量研究为移动用户提供上下文感知服务推荐[223-227]，以及一些挖掘个人上下文感知偏好的方法。这些方法大致可以分为三类：基于内容的推荐方法、协同过滤推荐方法和混合推荐方法。在上述推荐方法中，协同过滤推荐方法已成功而广泛地应用于各种在线服务应用中。然而，协同过滤方法通常存在一些局限性[228]，例如，用户项目评分矩阵稀疏，并且很容易受到攻击，只需要创建特定用户的画像，即可改变特定商品的预测评分。此外，社交网络中可能有数百万个节点，这些节点非常稀疏，它们之间的连接密度非常低。为了克服这些限制[229]，我们需要融合用户之间的信任信息。

最近，一些基于信任的推荐方法的提出，将用户的信任关系融合进协同过滤技术从而增强传统推荐系统的效果[224-227,230-233]。这些方法利用隐式或显式的信任信息来改进经典的推荐方法。这些信任计算模型可以分为两大类[234]：基于信誉的信任模型[224,225,227]和基于关系的信任模型[226,230-233]。

在这些方法中，信任值依赖于共同评分的物品。当两个用户只有少量共同评分的物品时，这将导致他们之间不存在直接的信任关系。已有的一些研究利用社交网络元素进行推荐，提高推荐系统的性能[235-239,16]。Ziegler 和 Lausen[235] 发现，利用信任不仅有利于选择少量的邻居，从而执行协同过滤推荐算法，而且还可以提前过滤出相关的相似节点。Golbeck[236] 提出了电影推荐的 FilmTrust 系统，并研究了信任水平在社交中的效用。信任值是通过用户在社交网络中的评分计算得出来的。然后将每个评分者的信任值作为计算预测评分的基础。Massa 和 Avesani[237] 开发了一种新的信任感知推荐模型。该模型提出了一种基于信任网络的信任传播算法，并计算了一个可用于替代相似度权重的信任权重。经验证，信任感知推荐的性能优于经典协同过滤，因此，信任感知推荐系统适用于用户描述其对另一个用户的信任情景。此外，与推荐系统相比，来自朋友的推荐被接受的可能性更高[238]，因为来自朋友网络的推荐建立在显式的用户信任基础上。虽然基于社会信任的推荐和直接从朋友那里得到的推荐是不一样的，但是它反映了比传统推荐系统更详细的相似性类型。Deng 等人[16] 提出了 RelevantTrustWalker 方法，该方法将社交网络中的信任关系与随机游走算法相结合。随后，Deng 等[240] 提出了一种基于用户偏好、行为和信任关系的服务推荐方法。虽然已经提出了许多信任计算方法，但能够应用于移动社交网络的信任计算方法很少。本文研究提出了一种基于用户上下文、好友信任网络和协同过滤算法的新型移动社交网络服务推荐，以提高推荐的准确性。通过仿真实验，将提出的方法与传统的协同过滤方法进行了比较，实验结果表明，该信任模型能有效提高预测精度。

第二节　推荐方法

一、协同过滤

协同过滤推荐系统寻找与目标用户[241]品位相似的其他用户。一般来说，协同过滤方法可以分为两类：基于物品的协同过滤[242]和基于用户的协同过滤[241]。基于物品的协同过滤是基于物品的关联给出推荐。相反，基于用户的协同过滤使用表达偏好的历史记录来获取 k 个最近的邻居，并根据相似用户的意见来确定推荐。本研究中关注的是基于用户的协同过滤。

基于用户的协同过滤主要包括三个步骤[243]：（1）构建用户配置文件；（2）选择邻居；（3）生成预测。根据这三个步骤，可以得到预测的评分值公式（8.1）：

$$\widehat{P}_{c,j} = \overline{r_c} + \frac{\sum_{p \in NS} w_{c,p}(r_{p,j} - \overline{r_p})}{\sum_{p \in NS} |w_{c,p}|} \tag{8.1}$$

其中，$r_{p,j}$ 为推荐者 p 对物品 j 的评分；$\widehat{P}_{c,j}$ 表示目标用户 c 对物品 j 的预测评分；$\overline{r_p}$ 表示用户 p 的平均评分；$w_{c,p}$ 表示目标用户 c 与其邻居 p 之间的相似程度，可以用皮尔逊相关系数（Pcc）计算；NS 是邻居的集合，用来提供他们的相关兴趣。

二、上下文相似

在移动社交网络中，上下文情境和用户行为是不稳定的，用户行为对上下文环境是敏感的。因此，与活动用户当前情况类似的上下文中的其他用户也会影响活动用户的偏好。Chen[154] 提出，Pcc 适用于连续值时的上下文相似性度量。由于上下文的值几乎是连续的，我们使用 Pcc 来计算上下文相似度。定义上下文集合 C，$C = (C_1, C_2, \cdots, C_n)$，其中向量 $C_t(t = 1, 2, \cdots, n)$ 的分量是一种上下文类型（例如，空气质量、天气或位置）。令 x 和 y 为两个不同的上下文变量，它们对物品 i 的相似度权重为：

$$rel_t(x, y, t) = \frac{\sum_{u=1}^{n} (r_{u,i,x_t} - \overline{r_i}) \cdot (r_{u,i,y_t} - \overline{r_i})}{\sigma_{x_t} \cdot \sigma_{y_t}} \quad (8.2)$$

其中 r_{u,i,x_t} 和 r_{u,i,y_t} 是用户 u 在上下文 x 和 y 中对物品 i 给出的评分；$\overline{r_i}$ 为物品 i 的平均评分；σ_{x_t} 和 σ_{y_t} 是 x 和 y 的标准差。

三、上下文感知预测生成

在上下文感知的协同过滤技术中，每个评分都有一个关联的上下文。上下文的相似性表明评分在不同上下文中的相关性程度。因此，我们需要扩展该技术，以便根据上下文对评分进行加权。

利用上下文相似度作为权重，我们可以得到用户 u 在上下文 c 中对物品 i 的加权评分 $R_{u,i,c}$。

$$R_{u,i,c} = k \sum_{x \in C} \sum_{t=1}^{z} r_{u,i,x} \cdot sim_t(c, x) \quad (8.3)$$

其中，$k = 1 / \sum_{x \in C} \sum_{t=1}^{z} | sim_t(c, x) |$ 为线性回归系数。这个表达式有嵌套的和，包含内部循环和外部循环。前者表示上下文属性（如城市、时间），后者表示属性值（如城市上下文的庐山、黄山、婺源）。

接着，用 $R_{u,i,c}$ 替换公式（8.1）中未考虑上下文的评分 $r_{p,j}$，活动

用户 a 对物品 i 的预测评分可以计算为：

$$\widehat{P_{a,i,c}} = \overline{r_a} + \sum_{p \in NS} w_{a,u}(R_{u,i,c} - \overline{r_u}) / \sum_{p \in NS} |w_{a,u}| \qquad (8.4)$$

第三节　信任模型

考虑到移动社交网络的社交属性，最简单的方法是将用户相似度和朋友熟悉度结合起来，通过定义 8.1 中描述的计算产生一个信任值。

定义 8.1：令 u 和 v 分别为移动社交网络中的目标用户和推荐者。$TSim_{u,v}$ 返回 u 与 v 在上下文配置文件上的相似性，用 A 表示。$TFam_{u,v}$ 返回目标用户 u 相对于推荐人 v 的社交关系熟悉度，用 B 表示。基于信任的权重定义公式为：

$$W_{u,v} = \begin{cases} (2 \times A \times B)/(A + B), & A > 0 \;\; and \;\; B > 0 \\ B, & A = 0 \;\; and \;\; B > 0 \\ 0, & B = 0 \end{cases} \qquad (8.5)$$

由公式（8.5）可以很容易看出，只有当熟悉度和相似度都很大时，权重才会很大。

一、基于用户相似度的信任因子

在社交网络中，人们倾向于信任有相同经历或兴趣的人。文献[235]证明，信任与兴趣相似度呈正相关。两个用户越相似，他们之间的信任就越大。

传统的两个用户之间的相似度度量（均方差、Spearman 相关系数、皮尔逊相关系数、余弦相似度等）的计算只考虑这两个用户的评分。

在本文中，用户之间的相似性是通过他们的个人画像来度量的，其中包括对物品的评分、用户的个人信息以及观点。根据显著的加权结果，当邻居间只有少数共同评分物品时，很可能得到用户之间较高的相似度。因此，相对于评分很少的用户，评分很多的用户会被分配更多的邻居。这时，存在遭受配置文件注入攻击的潜在风险。目标用户 u 对邻居 v 的显著性信任权值计算为：

$$TSim_{u,v} = \begin{cases} Sim_{u,v} \times \dfrac{n}{k}, n < k \\ Sim_{u,v}, \quad otherwise \end{cases} \tag{8.6}$$

其中 k 为全局常数，n 为共同评分的物品数量，$Sim_{u,v}$ 为皮尔逊相关系数。

二、基于朋友熟悉度的信任因素

在移动社交平台上，用户可以注册其他用户为好友，通过人人网（http：//3g. renren. com）进行交流。随着移动社交网络的快速增长，移动社交网络的用户很容易被过多的信息量所淹没。友情可以显著影响推荐的质量[244]。因此，值得信赖的朋友的推荐是选择移动社交网络服务的必要因素。大多数基于信任的推荐模型考虑从过去的评分记录中得到的准确预测来推断信任值。在这项工作中，我们扩展了之前提出的基于图的方法[245]，并提出了基于图的信任模型，使用朋友熟悉度来提高推荐质量。

根据六度空间理论[219]，两个人最多只需通过六层中介即可认识。因此，我们考虑五层网络，并将目标用户作为根。一个例子如图8.1所示，社交网络中的两个用户之间的好友关系存在不对称性，好友关系可以表示为有向图中的一条边。我们删除了所有单向关系，即那些没有反向关系的关系。

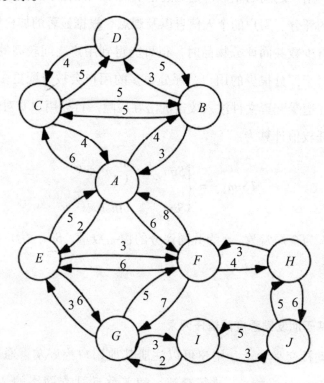

图 8.1 原始交互网络

具有最小消息量的网络如图 8.2 所示。由于同级节点之间的交互关系是冗余的，因此可以删除不需要的边。得到消息最小的候选网络，如图 8.3 所示。

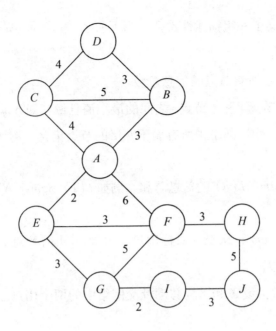

图8.2 最小信息量网络

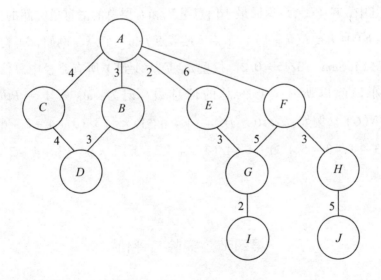

图8.3 信息最小的候选网络

我们定义了一组描述性特征，如下所示。一些简单的例子是基于图 8.3 中的网络。

$N(G)$：所有节点的信息总数。

N_{ij}：父节点 i 和子节点 j 之间的最小消息量，如 $N_{AB} = 3$。

$L(h)$：候选网络中所有属于 h 层的节点集合，例如：$L(1) = \{B, C, E, F\}$。

$L(h).Sum$：$L(h)$ 的信息总和，例如 $L(1).Sum = N_{AB} + N_{AC} + N_{AE} + N_{AF} = 15$。

$Pth(j).Sum$：从根（目标用户）开始到任何节点 j 的所有路径的最小消息总数。

定义 8.2：设 X 和 Y 为移动社交网络中的两个用户。X 对 Y 的信任值定义为：

$$TFam_{X,Y} = \omega_Y \cdot \sum_{i=1}^{n} \left[\prod_{j=1}^{m} N(S_{j-1}, S_j) \right] \tag{8.7}$$

其中，$N(i, j)$ 返回最小信息量 N_{ij} 和 h 层总的消息量之间的比例，$j \in L(h)$ 且 $i \in L(h-1)$。节点 i 是节点 j 的父节点。例如，$N(A, B) = N_{AB}/L(1).Sum = 3/15 = 0.2$。权重 ω_Y 是从 A 到 Y 所有路径中总信息量的最小值除以所有节点的总的信息数，记为：$\omega_Y = 1 - Pth(Y).Sum/N(G)$。例如，$Trust(A, D) = (1 - 6/51) \times \{[3/(3 + 4 + 2 + 6)] \times [3/(3 + 4 + 3 + 5 + 3)] + [4/(3 + 4 + 2 + 6)] \times [4/(3 + 4 + 3 + 5 + 3)]\}$。

第四节　实验与评价

我们设计了用于酒店、餐厅、旅游景点的推荐的应用场景。例如，一个旅游景点推荐通常是基于朋友的影响力、朋友的熟悉度、相似用户的偏好、基于位置的上下文感知等信息。

一、实验设置

本部分我们构建了一个移动社交网络的模拟实验，在实验中，每个用户的移动设备都安装了人人网的移动客户端软件，以保证模拟的有效性。用户是移动的，可以在移动中保持联系。我们收集了人人网上 30 个大学生的好友数据，人人网是中国最受欢迎的 SNS 之一，提供酒店、电影、景点的推荐和用户评分服务。用户使用五分制来评价酒店、电影和景点。用户也可以通过社交网络找到朋友。这意味着人人网的大多数朋友实际上在线下都认识。因此，人人网可以作为我们研究 MSN 推荐的理想来源。

我们首先在人人网上爬取了 30 个大学生的数据，然后以这些学生作为种子，进一步爬取了他们的社交网络和一个月内的物品评分。最后，我们得到了 1394 个用户、5541 部电影和 25879 项评分。这些 MSN 数据是由用户之间的 24592 个好友链接组成的。

仿真计算机系统配置如下：使用 Microsoft Windows 7、Mysql server 5.0、Ucinet 6 软件包、Android 6.0、Matlab 7.6 数据分析平台搭建仿真环境。

二、评价指标

为了评估推荐方法的性能，我们使用了几个精度指标，包括平均绝对误差（MAE）、召回率、精度和 F_1 测度[246,247]。这四个评价指标定义如下：

（1）MAE 是用户的预测评分与真实评分之间的平均绝对偏差，可以定义为：

$$MAE = \frac{\sum_{k=1}^{N} | \hat{p}_k - r_k |}{N} \tag{8.8}$$

其中，r_k 为对物品 k 的真实评分，$\hat{p}_k$ 为模型预测的对应评分，N 为测试数据个数。

（2）召回率是一种完整性度量，其定义为：

$$recall = \frac{X}{Y} \tag{8.9}$$

其中，Y 为所有相关物品的数量，X 为推荐的相关物品的数量，即相关的物品中被推荐的比例。

（3）精度是一种准确或精确的度量，可以定义为：

$$precision = \frac{X}{Z} \tag{8.10}$$

其中 Z 为所有推荐的物品的数量，即推荐的物品中相关的物品所占比例。

（4）F_1 测度是指标召回率和精度的结合，其定义为：

$$F_1 = \frac{2 \times recall \times precision}{recall + precision} \tag{8.11}$$

三、实验比较方法

为了评价所提出的涉及用户相似度和朋友熟悉度的信任模型，我们构建了以下五种推荐策略：

协同过滤：经典的 Resnick 算法[16]，其中使用皮尔逊相关系数［公式（8.1）］进行过滤和预测。

CCF：在协同过滤中融合上下文信息[243]。

用户相似度CCF（US-CCF）：使用用户相似度作为信任的权重。

朋友熟悉度CCF（FF-CCF）：使用朋友熟悉度进行信任的权重。

用户相似度和朋友熟悉度CCF（US-FF-CCF）：信任加权时考虑用户相似度和朋友熟悉度。

四、实验结果

本部分我们比较了不同推荐方法和邻居数（m）下的 MAE、$recall$、$precision$ 和 F_1 性能。

（1）用户相似度和朋友熟悉度的影响

图8.4-8.7展示了提出的混合信任方法的结果，包括 US-CCF（用户相似度）、FF-CCF（朋友熟悉度）和 US-FF-CCF，分别在 MAE、$recall$、$precision$ 和 F_1 上的效果。从图8.4-8.7可以看出，FF-CCF 在 MAE、precision 和 F_1 指标上都优于 US-CCF。虽然 US-CCF 在召回指标上的结果优于 FF-CCF，但 FF-CCF 在综合指标 F_1 上的结果优于 US-CCF。因此，FF-CCF 的推荐性能优于 US-CCF。这一发现主要是因为朋友熟悉度比用户相似度更重要。此外，我们还可以看到 US-FF-CCF 的性能略优于 FF-CCF。也就是说，同时基于用户相似度和朋友熟悉度的信任权重比仅基于朋友熟悉度因子的信任权重更能优化推荐质量。

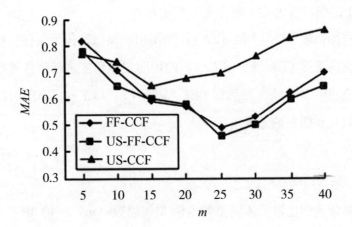

图8.4 US – CCF、FF – CCF 和 US – FF – CCF 的 *MAE* 结果

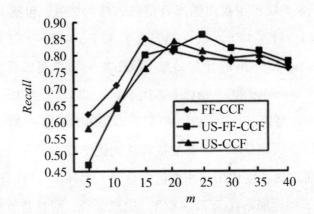

图8.5 US – CCF、FF – CCF 和 US – FF – CCF 的召回结果

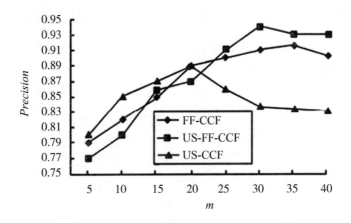

图 8.6　US – CCF、FF – CCF 和 US – FF – CCF 的精度结果

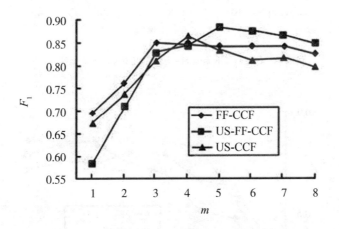

图 8.7　US – CCF、FF – CCF 和 US – FF – CCF 的 F_1 结果

（2）与其他方法的比较研究

我们将本文提出的基于信任的方法与 CF 方法和 CCF 方法在不同邻域大小下的 *MAE*、*recall*、*precision* 和 F_1 指标进行了比较。如图 8.8 – 8.11 所示，结合用户相似度和朋友熟悉度的基于信任的方法在 *MAE*、*recall*、*precision* 和 F_1 测度上都优于 CF 法和 CCF 法。将基于上下文的信

任与朋友熟悉度因子和用户相似度因子相结合，得到的权重比传统的CCF 的预测效果更好。这也说明，在大多数情况下，朋友熟悉度和用户相似度可以提高推荐性能。

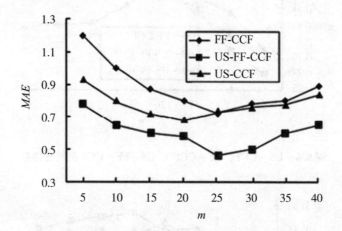

图 8.8　CF、CCF 和 US – FF – CCF 的 *MAE* 结果

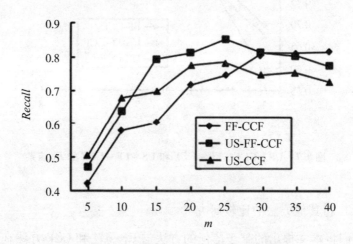

图 8.9　CF、CCF 和 US – FF – CCF 的召回结果

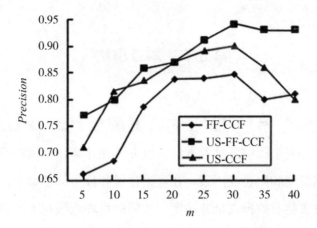

图 8.10 CF、CCF 和 US – FF – CCF 的精度结果

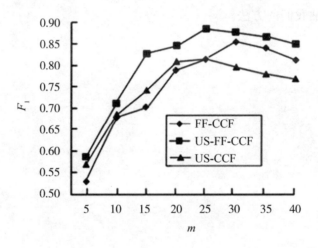

图 8.11 CF、CCF 和 US – FF – CCF 的 F_1 结果

第五节 本章小结

本章介绍了一种基于用户上下文、好友信任网络和协同过滤算法的新型移动社交网络的服务推荐方法，该方法在计算目标用户可信邻居时考虑用户相似度和熟悉度因素。在理论建模和分析的基础上，仿真结果表明，该方法能有效提高推荐精度。实际应用环境限制了实验中参与者的规模和数量，因为很难获得包含用户熟悉度和评级的数据集。考虑到这种局限性，我们未来的工作需要在涉及大规模用户和项目的其他应用领域中评估我们的方法。

第九章

融合社交网络的物质扩散推荐算法

在大数据时代，人们经常面临"信息过载"问题，如何在短时间内找到有用的信息具有一定的挑战性。虽然推荐系统可以借助用户历史信息预测用户的潜在兴趣和偏好，但仍需要不断改进其预测精度和推荐多样性。同时，数据稀疏性问题对推荐算法的推荐性能影响很大，如何为历史选择信息很少的用户提供精准的推荐是大部分推荐算法需要面对的问题。俗话说"物以类聚，人以群分"，拥有越多共同兴趣的人越有可能成为朋友。近年来，许多网络平台有效地利用用户的社交信息提高了推荐精度，例如社交网络好友推荐系统（Facebook 和微博）、基于社交信息的餐饮推荐系统（Yelp 和大众点评）、基于社交网络的电影推荐系统（Flixter）以及图书推荐系统（Shelfari 和豆瓣）。这些系统的成功应用表明考虑社交网络中的好友关系能够提高推荐系统的性能。

为了缓解数据稀疏性问题对推荐性能的影响，国内外学者提出了许多融合社交网络信息的推荐算法，但这些算法通常需要额外的评分、标签或用户社会属性等信息，而这些附加信息获取不易且其真实性难以保证。基于扩散过程的推荐算法，例如物质扩散算法、热传导算法和二者的混合算法，仅仅关注网络结构，不依赖于上述附加信息，但这类算法并没有有效地利用社交网络信息。因此，本章我们将社交网络和 user – item 二部图通过用户节点进行耦合，并在这个两层耦合网络上考虑物质扩散过程并提出融合社交网络信息的物质扩散推荐算法。本章内容根据文献[257]整理而成。

第一节　物质扩散算法

周涛等[41]首次提出了物质扩散推荐算法（Mass Diffusion，简称 MD 算法）。它首先在目标用户选择的 item 上放置 1 个单位的资源，并且通过在 user–item 二部图上进行扩散，最终扩散至目标用户潜在感兴趣的 item 上。将所有 item 的初始资源数量组成向量记为 $\vec{f}$，扩散结束后分配给 item 的最终资源量记为 $\vec{f'}$，那么整个扩散过程可以用方程 $\vec{f'} = W^{MD}\vec{f}$ 表示，状态转移矩阵 W^{MD} 的元素 $w_{\alpha\beta}^{MD}$ 满足以下等式：

$$w_{\alpha\beta}^{MD} = \frac{1}{k_\beta} \sum_{i=1}^{n} \frac{a_{i\alpha}\, a_{i\beta}}{k_i} \tag{9.1}$$

经过扩散，将目标用户未选择过的 item 依据资源数量按降序排列形成推荐列表。接下来，我们对 MD 算法的推荐过程进行详细描述，MD 算法的推荐过程分为以下三步，可以形式化地描述为：

步骤 1　为目标用户选择过的 item 分配 1 个单位的物质，其他 item 的物质量为 0，得到 item 端的 m 维初始物质向量 $\vec{f}$。

步骤 2　item 将自身拥有的物质通过二部图平均分配给选择过它的用户，可以得到用户端的物质向量 $\vec{g} = A_{UO}\, \Lambda_O \vec{f}$。

步骤 3　用户将拥有的物质平均分配给他/她选择过的 item，得到所有 item 的最终物质向量 $\vec{f'} = B_{OU}\, \Lambda_U \vec{g} = B_{OU}\, \Lambda_U\, A_{UO}\, \Lambda_O \vec{f}$。

由此可得 MD 算法的扩散状态转移矩阵 $W^{MD} = B_{OU}\, \Lambda_U\, A_{UO}\, \Lambda_O$，该矩阵第 α 行第 β 列的元素为：

$$w_{\alpha\beta}^{MD} = (B_{OU}\,\Lambda_U\,A_{UO}\,\Lambda_O)_{\alpha\beta}$$

$$= \sum_{i=1}^{n} [(B_{OU}\,\Lambda_U)_{\alpha i} \times (A_{UO}\,\Lambda_O)_{i\beta}]$$

$$= \sum_{i=1}^{n} \left(\frac{a_{\alpha i}}{k_i} \times \frac{a_{i\beta}}{k_{\beta}}\right) \tag{9.2}$$

$$= \frac{1}{k_{\beta}} \sum_{i=1}^{n} \left(\frac{a_{\alpha i}\,a_{i\beta}}{k_i}\right)$$

$$= \frac{1}{k_{\beta}} \sum_{i=1}^{n} \left(\frac{a_{i\alpha}\,a_{i\beta}}{k_i}\right)$$

我们用一个例子详细说明物质扩散算法的推荐过程，见图9.1，其中小人表示用户，黑色带阴影的小人表示目标用户，方块表示 item，方块的颜色越深表示 item 获得的物质量越大。

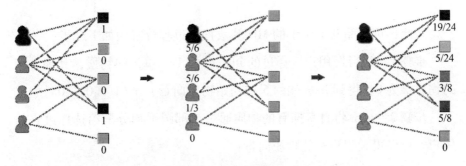

图9.1 物质扩散推荐算法过程示意图

在图 9.1 所示的物质扩散推荐算法示意图中，我们不妨从目标用户开始由上至下分别编号为 1、2、3、4，item 由上至下分别编号为 1、2、3、4、5。由图 9.1 描述的网络结构容易得到二部图的邻接矩阵 A_{UO} 及其转置矩阵 B_{OU}，分别为：

$$A_{UO} = \begin{bmatrix} 1 & 0 & 0 & 1 & 0 \\ 1 & 1 & 1 & 1 & 0 \\ 1 & 0 & 1 & 0 & 0 \\ 0 & 0 & 1 & 0 & 1 \end{bmatrix} \qquad B_{OU} = \begin{bmatrix} 1 & 1 & 1 & 0 \\ 0 & 1 & 0 & 0 \\ 0 & 1 & 1 & 1 \\ 1 & 1 & 0 & 0 \\ 0 & 0 & 0 & 1 \end{bmatrix}$$

基于矩阵 A_{UO} 可以分别构造与用户度 k_i 相关的对角矩阵 Λ_U 、与 item 度 k_α 相关的对角矩阵 Λ_O：

$$\Lambda_U = \begin{bmatrix} 1/2 & & & \\ & 1/4 & & \\ & & 1/2 & \\ & & & 1/2 \end{bmatrix} \qquad \Lambda_O = \begin{bmatrix} 1/3 & & & & \\ & 1 & & & \\ & & 1/3 & & \\ & & & 1/2 & \\ & & & & 1 \end{bmatrix}$$

至此，可将图 9.1 所示的 MD 算法推荐过程分解为如下三步：

步骤 1　为目标用户选择过的 item 分配 1 个单位的物质，其他 item 的物质量为 0，得到 item 端的 5 维初始物质向量 $\vec{f} = (1,0,0,1,0)^T$。

步骤 2　item 将自身拥有的物质通过二部图平均分配给选择过它的用户，可以得到用户端的物质向量：

$$\vec{g} = A_{UO}\Lambda_O\vec{f} = \begin{bmatrix} 1 & 0 & 0 & 1 & 0 \\ 1 & 1 & 1 & 1 & 0 \\ 1 & 0 & 1 & 0 & 0 \\ 0 & 0 & 1 & 0 & 1 \end{bmatrix}\begin{bmatrix} 1/3 & & & & \\ & 1 & & & \\ & & 1/3 & & \\ & & & 1/2 & \\ & & & & 1 \end{bmatrix}\begin{bmatrix} 1 \\ 0 \\ 0 \\ 1 \\ 0 \end{bmatrix} = \begin{bmatrix} 5/6 \\ 5/6 \\ 1/3 \\ 0 \end{bmatrix}$$

步骤 3　用户将拥有的物质平均分配给他/她选择过的 item，得到所有 item 的最终物质向量：

$$\vec{f} = B_{OU} \Lambda_U \vec{g} = \begin{bmatrix} 1 & 1 & 1 & 0 \\ 0 & 1 & 0 & 0 \\ 0 & 1 & 1 & 0 \\ 1 & 1 & 0 & 0 \\ 0 & 0 & 0 & 1 \end{bmatrix} \begin{bmatrix} 1/2 & & & \\ & 1/4 & & \\ & & 1/2 & \\ & & & 1/2 \end{bmatrix} \begin{bmatrix} 5/6 \\ 5/6 \\ 1/3 \\ 0 \end{bmatrix} = \begin{bmatrix} 19/24 \\ 5/24 \\ 3/8 \\ 5/8 \\ 0 \end{bmatrix}$$

推荐算法将 item 按照其拥有的物质量进行降序排列，并为目标用户推荐他/她未选择过的 item $\{3, 2, 5\}$。

第二节　热传导算法

热传导算法[42]（Heat Conduction，简称 HC 算法）在用户 – item 二部图上呈现一种类似于热扩散过程的推荐算法。与物质扩散算法类似，我们可以用方程 $\vec{f}' = W^{HC}\vec{f}$ 表示整个热传导过程，其中 $\vec{f}$ 表示所有 item 的初始温度向量，$\vec{f}'$ 表示热传导结束后 item 的温度向量，状态转移矩阵 W^{HC} 的元素 $w_{\alpha\beta}^{HC}$ 满足公式（9.3）。

$$w_{\alpha\beta}^{HC} = \frac{1}{k_{\alpha}} \sum_{i=1}^{n} \frac{a_{i\alpha} a_{i\beta}}{k_i} \tag{9.3}$$

在热传导结束后，根据向量 g' 按温度大小对 item 进行降序排列，选取目标用户未选择过的 item 组成推荐列表。HC 算法的推荐过程分为以下三步，可以形式化地描述为：

步骤 1　将目标用户选择的每个 item 看作温度等于 1 度的热源，而用户未选择的 item 是温度为 0 度的点，由此可以得到 item 端的 m 维初始温度向量 $\vec{f}$。

步骤 2　热量从 item 端向用户端进行传导，传导结束后，用户的温度等于所有他选择的 item 的平均温度，由此可得用户端的温度向量 $\vec{g} = \Lambda_U A_{UO} \vec{f}$。

步骤 3　热量从用户端向 item 端进行传导，传导结束后，item 的温度等于所有选择过该 item 的用户的平均温度，得到所有 item 的最终温度向量 $\vec{f'}$ 为：$\vec{f'} = \Lambda_O B_{OU} \vec{g} = \Lambda_O B_{OU} \Lambda_U A_{UO} \vec{f}$。

由此可知，HC 算法的传导状态转移矩阵为 $W^{HC} = \Lambda_O B_{OU} \Lambda_U A_{UO}$，该矩阵第 α 行第 β 列的元素为：

$$
\begin{aligned}
w_{\alpha\beta}^{HC} &= (\Lambda_O B_{OU} \Lambda_U A_{UO})_{\alpha\beta} \\
&= \sum_{i=1}^{n} [(\Lambda_O B_{OU})_{\alpha i} \times (\Lambda_U A_{UO})_{i\beta}] \\
&= \sum_{i=1}^{n} \left(\frac{a_{\alpha i}}{k_\alpha} \times \frac{a_{i\beta}}{k_i} \right) \\
&= \frac{1}{k_\alpha} \sum_{i=1}^{n} \left(\frac{a_{\alpha i}\, a_{i\beta}}{k_i} \right) \\
&= \frac{1}{k_\alpha} \sum_{i=1}^{n} \left(\frac{a_{i\alpha}\, a_{i\beta}}{k_i} \right)
\end{aligned}
\tag{9.4}
$$

同样，我们用一个例子详细说明热传导算法的推荐过程，见图 9.2，其中小人表示用户，黑色带阴影的小人表示目标用户，方块表示 item，方块的颜色越深表示 item 的温度越高。

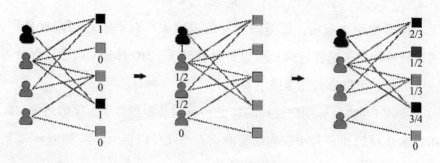

图 9.2　热传导算法推荐过程示意图

在图 9.2 所示的热传导算法示意图中，我们不妨从目标用户开始由上至下分别编号为 1、2、3、4，item 由上至下分别编号为 1、2、3、4、5。由图 9.2 容易得到二部图的邻接矩阵 A_{UO} 及其转置矩阵 B_{OU}，分别为：

$$A_{UO} = \begin{bmatrix} 1 & 0 & 0 & 1 & 0 \\ 1 & 1 & 1 & 1 & 0 \\ 1 & 0 & 1 & 0 & 0 \\ 0 & 0 & 1 & 0 & 1 \end{bmatrix} \qquad B_{OU} = \begin{bmatrix} 1 & 1 & 1 & 0 \\ 0 & 1 & 0 & 0 \\ 0 & 1 & 1 & 1 \\ 1 & 1 & 0 & 0 \\ 0 & 0 & 0 & 1 \end{bmatrix}$$

基于矩阵 A_{UO} 可以分别构造与用户度 k_i 相关的对角矩阵 Λ_U、与 item 度 k_α 相关的对角矩阵 Λ_O：

$$\Lambda_U = \begin{bmatrix} 1/2 & & & \\ & 1/4 & & \\ & & 1/2 & \\ & & & 1/2 \end{bmatrix} \qquad \Lambda_O = \begin{bmatrix} 1/3 & & & & \\ & 1 & & & \\ & & 1/3 & & \\ & & & 1/2 & \\ & & & & 1 \end{bmatrix}$$

在此基础上，可将图 9.2 所示的 HC 算法推荐过程分解为如下三步：

步骤 1　将目标用户选择的每个 item 看作温度等于 1 度的热源，而用户未选择的 item 是温度为 0 度的点，由此可以得到 item 端的 5 维初始温度向量 $\vec{f} = (1,0,0,1,0)^T$。

步骤 2　热量从 item 端向用户端进行传导，传导结束后，用户的温度等于所有他选择的 item 的平均温度，由此可得用户端的温度向量：

$$\vec{g} = \Lambda_U A_{UO} \vec{f} = \begin{bmatrix} 1/2 & & & \\ & 1/4 & & \\ & & 1/2 & \\ & & & 1/2 \end{bmatrix} \begin{bmatrix} 1 & 0 & 0 & 1 & 0 \\ 1 & 1 & 1 & 1 & 0 \\ 1 & 0 & 1 & 0 & 0 \\ 0 & 0 & 1 & 0 & 1 \end{bmatrix} \begin{bmatrix} 1 \\ 0 \\ 0 \\ 0 \\ 1 \\ 0 \end{bmatrix} = \begin{bmatrix} 1 \\ 1/2 \\ 1/2 \\ 0 \end{bmatrix}$$

步骤 3　热量从用户端向 item 端进行传导，传导结束后，item 的温度等于所有选择过该 item 的用户的平均温度，得到所有 item 的最终温度向量 $\vec{f'}$ 为：

$$\vec{f'} = \Lambda_O B_{OU} \vec{g} = \begin{bmatrix} 1/3 & & & & \\ & 1 & & & \\ & & 1/3 & & \\ & & & 1/2 & \\ & & & & 1 \end{bmatrix} \begin{bmatrix} 1 & 1 & 1 & 0 \\ 0 & 1 & 0 & 0 \\ 0 & 1 & 1 & 1 \\ 1 & 1 & 0 & 0 \\ 0 & 0 & 0 & 1 \end{bmatrix} \begin{bmatrix} 1 \\ 1/2 \\ 1/2 \\ 0 \end{bmatrix} = \begin{bmatrix} 2/3 \\ 1/2 \\ 1/3 \\ 3/4 \\ 0 \end{bmatrix}$$

传导过程结束后，将 item 按照其温度进行降序排列，并将目标用户未选择过的 item 组成推荐列表 {2，3，5}。

第三节　混合算法

Mcnee 等人认为盲目崇拜精确性指标可能会伤害推荐系统，因为这样可能会导致用户得到一些信息量为 0 的"精准推荐"，并且视野变得越来越狭窄[252]。已经有一些实证研究显示，多样性和新颖性等从未获得过如精确性同样重要地位的因素，对于用户体验却十分重要——譬如用户希望推荐给他/她的音乐更多样、更偶然。通常只能通过牺牲多样性来提高精确性或者牺牲精确性来提高多样性。周涛等[42]通过引入一个参数巧妙地将物质扩散过程和热传导过程进行融合，进而提出了混合算法（Hybrid method of Heat Conduction and Probs，简称 HHP 算法），该算法同时考虑推荐多样性和精确性。物质扩散算法倾向于推荐热门 item，热传导算法则倾向于挖掘潜在流行的 item，混合算法将两者相结合使推荐精确性和多样性都有明显提高[42]。该算法将混合参数 λ 加入状态转移矩阵使其变形为：

$$w_{\alpha\beta}^{HHP} = \frac{1}{k_{\alpha}^{1-\lambda} \, k_{\beta}^{\lambda}} \sum_{i=1}^{n} \frac{a_{i\alpha} \, a_{i\beta}}{k_i} \tag{9.5}$$

容易看出，该算法在 $\lambda = 0$ 和 $\lambda = 1$ 时分别退化为 HC 算法和 MD 算法。HHP 算法通过调节参数巧妙地将 HC 算法和 MD 算法进行了混合，在某些数据集上的实验结果显示其推荐精度和推荐多样性较 HC 算法和 MD 算法均有一定程度的提高。接下来，我们详细描述 HHP 算法的推荐过程。

HHP 算法的推荐过程分为以下三步，可以形式化地描述为：

步骤1　为目标用户选择过的 item 分配 1 个单位的资源，其他 item 的资源量为 0，得到所有 item 的 m 维初始资源向量 $\vec{f}$。

步骤2　资源从 item 端向用户端进行传输，其中 λ 部分资源以物质扩散方式进行传输，$(1 - \lambda)$ 部分资源以热传导方式进行传输，该传输过程结束后，得到用户端的资源向量 $\vec{g} = \Lambda_U^{1-\lambda} A_{UO} \Lambda_O^{\lambda} \vec{f}$。

步骤3　用户将拥有的资源分配给他/她选择过的 item，其中 λ 部分资源以物质扩散方式进行分配，$(1 - \lambda)$ 部分资源以热传导方式进行分配，由此得到 item 的最终资源向量为：$\vec{f'} = \Lambda_O^{1-\lambda} B_{OU} \Lambda_U^{\lambda} \vec{g} = \Lambda_O^{1-\lambda} B_{OU} \Lambda_U^{\lambda} \Lambda_U^{1-\lambda} A_{UO} \Lambda_O^{\lambda} \vec{f} = \Lambda_O^{1-\lambda} B_{OU} A_U A_{UO} \Lambda_O^{\lambda} \vec{f}$。

由此可知，HHP 算法的传输状态转移矩阵为：

$$W^{HHP} = \Lambda_O^{1-\lambda} B_{OU} A_U A_{UO} \Lambda_O^{\lambda} \tag{9.6}$$

该矩阵第 α 行第 β 列的元素为：

$$
\begin{aligned}
w_{\alpha\beta}^{HHP} &= (\Lambda_O^{1-\lambda} B_{OU} A_U A_{UO} \Lambda_O^{\lambda})_{\alpha\beta} \\
&= \sum_{i=1}^{n} \left[(\Lambda_O^{1-\lambda} B_{OU} A_U)_{\alpha i} \times (A_{UO} \Lambda_O^{\lambda})_{i\beta} \right] \\
&= \sum_{i=1}^{n} \left(\frac{a_{\alpha i}}{k_\alpha^{1-\lambda} k_i} \times \frac{a_{i\beta}}{k_\beta^{\lambda}} \right) \qquad (9.7) \\
&= \frac{1}{k_\alpha^{1-\lambda} k_\beta^{\lambda}} \sum_{i=1}^{n} \left(\frac{a_{\alpha i} a_{i\beta}}{k_i} \right) \\
&= \frac{1}{k_\alpha^{1-\lambda} k_\beta^{\lambda}} \sum_{i=1}^{n} \left(\frac{a_{i\alpha} a_{i\beta}}{k_i} \right)
\end{aligned}
$$

第四节　融合社交网络的物质扩散推荐算法

我们将两层耦合网络记作 $G(U, O, E_{UO}, E_{UU})$ ，其中 U 表示 n 个用户的集合、O 表示 m 个 item 的集合、E_{UO} 表示用户与 item 的连边集合、E_{UU} 表示用户之间的连边集合。这个两层网络由两个子网络即用户 – item 二部图 $G_{UO}(U, O, E_{UO})$ 和社交网络 $G_{UU}(U, E_{UU})$ 组成。我们用矩阵 $A_{UO} = (\alpha_{i\alpha})_{n \times m}$ 刻画用户 – item 二部图 G_{UO} ，如果用户 i 选择了 $item_\alpha$ 则 $\alpha_{i\alpha} = 1$ ，否则 $\alpha_{i\alpha} = 0$ 。类似地，我们用一个 $n \times n$ 矩阵 $S_{UU} = (s_{ij})_{n \times n}$ 刻画社交网络 G_{UU} ，如果用户 i 和 j 是朋友，则矩阵元素 $s_{ij} = 1$ ，否则 $s_{ij} = 0$ 。在用户 – item 二部图中，我们记用户 i 选择的 item 数为 k_i ，选择 $item_\alpha$ 的用户数记为 k_α 。因此，k_i 和 k_α 分别表示用户 – item 二部图中用户 i 和 $item_\alpha$ 的度。另一方面，我们记社交网络中用户 i 的朋友数为 K_i ，将之称为用户 i 的社交度。记矩阵 A_{UO} 的转置矩阵为 B_{OU} ，即 $B_{OU} = A_{UO}^T = (\alpha_{\alpha i})_{m \times n}$ 。

首先，构造与用户度 k_i 相关的对角矩阵 $\Lambda_U = diag(d_1^u, \cdots, d_i^u, \cdots, d_n^u)$ ，其中

$$d_i^u = \begin{cases} 1/k_i, & 若k_i \neq 0 \\ 0, & 若k_i = 0 \end{cases} \tag{9.8}$$

然后，构造与 item 度 k_α 相关的对角矩阵 $\Lambda_O = diag(d_1^o, \cdots, d_\alpha^o, \cdots, d_m^o)$ ，其中

$$d_\alpha^o = \begin{cases} 1/k_\alpha, & 若k_\alpha \neq 0 \\ 0, & 若k_\alpha = 0 \end{cases} \tag{9.9}$$

最后，构造与用户社会度 K_i 相关的对角矩阵 $\Lambda_S = diag(d_1^s, \cdots, d_i^s, \cdots, d_n^s)$ ，其中

$$d_i^s = \begin{cases} 1/K_i, & 若K_i \neq 0 \\ 0, & 若K_i = 0 \end{cases} \tag{9.10}$$

经过数据预处理后两个数据集中的用户都有好友并且都选择过item，所有 item 均被用户选择过，因此有 $k_i \neq 0$ 、$k_\alpha \neq 0$ 及 $K_i \neq 0$ ，$(1 \leqslant i \leqslant n, 1 \leqslant \alpha \leqslant m)$ 。

为了在推荐算法中有效地利用社交网络信息，本书提出的算法（Social Mass Diffusion，简记为 SMD 算法）将物质扩散过程应用在两层耦合网络上，通过扩散将社交网络信息有机地融入推荐算法中。SMD 算法的推荐过程分为三步：（1）为目标用户选择的 item 分配 1 个单位的初始资源，由此得到初始资源向量 $\vec{f}$ ；（2）将物质扩散状态转移矩阵作用于初始资源向量得到 item 的最终资源向量 $\vec{f'}$ ，即有 $\vec{f'} = W^{SMD}\vec{f}$ ；（3）按照 item 拥有的最终资源量对其进行排序，将前 n 个 item 推荐给用户。SMD 算法异于传统物质扩散算法的方面在于，资源除在用户－item二部图进行扩散外，还沿着社交网络进行扩散。在数学形式上，

我们将 MD 算法（详细介绍见本章第一节）的扩散状态转移矩阵 W^{MD} 修改为 W^{SMD}，矩阵元素 $w^{SMD}_{\alpha\beta}$ 满足公式（9.11）。

$$w^{SMD}_{\alpha\beta} = p\frac{1}{k_\beta}\sum_{i=1}^{n}\frac{a_{i\alpha}\,a_{i\beta}}{k_i} + (1-p)\frac{1}{k_\beta}\sum_{i=1}^{n}\sum_{j=1}^{n}\frac{a_{i\alpha}\,s_{ij}a_{j\beta}}{k_i\,K_j},\ 0 \leqslant p \leqslant 1$$

$$(9.11)$$

在这里，p 部分资源仅仅在用户 – item 二部图上传输，而其余 $1-p$ 部分资源经过社交网络传输并最终扩散至 item 端。SMD 算法的推荐过程分为以下四步，可以形式化地描述为：

步骤 1　目标用户选择过的 item 获得 1 个单位的初始物质，其余 item 的物质量为 0，得到 item 端的 m 维初始物质向量 $\vec{f} = (f_1,\cdots,f_\alpha,\cdots,f_m)^T$。

步骤 2　物质被 item 平均分配给选择过它的用户，可得用户物质向量 $\vec{g} = A_{UO}\,\Lambda_o\vec{f}$。

步骤 3　用户将拥有的 p 部分物质通过用户 – item 二部图平均分配给他/她选择过的 item，得到 item 的物质向量 $\vec{h_o} = p \times B_{OU}\,\Lambda_U\,\vec{g} = p \times B_{OU}\,\Lambda_U\,A_{UO}\,\Lambda_o\vec{f}$。另外，用户将拥有的 $1-p$ 部分物质通过社交网络平均分配给他/她的好友，得到用户的物质向量 $\vec{h_U} = (1-p) \times S_{UU}\,\Lambda_S\,\vec{g} = (1-p) \times S_{UU}\,\Lambda_S\,A_{UO}\,\Lambda_o\vec{f}$。

步骤 4　用户将获得的物质通过用户 – item 二部图平均分配给他/她选择的 item，得到 item 最终的物质向量：

$$\vec{f'} = \vec{h_o} + B_{OU}\,\Lambda_U\,\vec{h_U}$$

$$= p \times B_{OU}\,\Lambda_U\,A_{UO}\,\Lambda_o\vec{f} + B_{OU}\,\Lambda_U \times (1-p) \times S_{UU}\,\Lambda_S\,A_{UO}\,\Lambda_o\vec{f}$$

$$= p \times B_{OU}\,\Lambda_U\,A_{UO}\,\Lambda_o\vec{f} + (1-p) \times B_{OU}\,\Lambda_U S_{UU}\,\Lambda_S\,A_{UO}\,\Lambda_o\vec{f}$$

$$= \big[p \times B_{OU}\,\Lambda_U\,A_{UO}\,\Lambda_o + (1-p) \times B_{OU}\,\Lambda_U S_{UU}\,\Lambda_S\,A_{UO}\,\Lambda_o\big]\vec{f}$$

$$(9.12)$$

由此可知 SMD 算法的扩散状态转移矩阵为：

$$W^{SMD} = p \times B_{OU} \Lambda_U A_{UO} \Lambda_O + (1-p) \times B_{OU} \Lambda_U S_{UU} \Lambda_S A_{UO} \Lambda_O \qquad (9.13)$$

该矩阵第 α 行第 β 列的元素为：

$$
\begin{aligned}
w^{SMD}_{\alpha\beta} &= \left[p \times B_{OU} \Lambda_U A_{UO} \Lambda_O + (1-p) \times B_{OU} \Lambda_U S_{UU} \Lambda_S A_{UO} \Lambda_O \right]_{\alpha\beta} \\
&= (p \times B_{OU} \Lambda_U A_{UO} \Lambda_O)_{\alpha\beta} + \left[(1-p) \times B_{OU} \Lambda_U S_{UU} \Lambda_S A_{UO} \Lambda_O \right]_{\alpha\beta} \\
&= p \sum_{i=1}^{n} \left[(B_{OU} \Lambda_U)_{\alpha i} \times (A_{UO} \Lambda_O)_{i\beta} \right] + (1-p) \sum_{i=1}^{n} \left[(B_{OU} \Lambda_U)_{\alpha i} \right. \\
&\quad \left. \times (S_{UU} \Lambda_S A_{UO} \Lambda_O)_{i\beta} \right] p \sum_{i=1}^{n} \left[(B_{OU} \Lambda_U)_{\alpha i} \times (A_{UO} \Lambda_O)_{i\beta} \right] \\
&\quad + (1-p) \sum_{i=1}^{n} \left\{ (B_{OU} \Lambda_U)_{\alpha i} \times \sum_{j=1}^{n} \left[(S_{UU} \Lambda_S)_{ij} \times (A_{UO} \Lambda_O)_{j\beta} \right] \right\} \\
&= p \sum_{i=1}^{n} \left(\frac{\alpha_{\alpha i}}{k_i} \times \frac{\alpha_{i\beta}}{k_\beta} \right) + (1-p) \sum_{i=1}^{n} \left[\frac{\alpha_{\alpha i}}{k_i} \times \sum_{j=1}^{n} \left(\frac{s_{ij}}{K_j} \times \frac{\alpha_{j\beta}}{k_\beta} \right) \right] \\
&= p \sum_{i=1}^{n} \frac{\alpha_{\alpha i} \alpha_{i\beta}}{k_i k_\beta} + (1-p) \sum_{i=1}^{n} \sum_{j=1}^{n} \frac{\alpha_{\alpha i} s_{ij} \alpha_{j\beta}}{k_i K_j k_\beta} \\
&= p \frac{1}{k_\beta} \sum_{i=1}^{n} \frac{\alpha_{\alpha i} \alpha_{i\beta}}{k_i} + (1-p) \frac{1}{k_\beta} \sum_{i=1}^{n} \sum_{j=1}^{n} \frac{\alpha_{\alpha i} s_{ij} \alpha_{j\beta}}{k_i K_j} \\
&= p \frac{1}{k_\beta} \sum_{i=1}^{n} \frac{\alpha_{i\alpha} \alpha_{i\beta}}{k_i} + (1-p) \frac{1}{k_\beta} \sum_{i=1}^{n} \sum_{j=1}^{n} \frac{\alpha_{i\alpha} s_{ij} \alpha_{j\beta}}{k_i K_j}
\end{aligned}
$$

$$(9.14)$$

在扩散过程结束后，依据 item 最终获得资源数量进行降序排列并将目标用户未选择过的 item 形成推荐列表返回给他/她。参数 p 取值为 1 时，则表示所有资源只在用户 – item 二部图中进行扩散，没有资源在社交网络中进行重新分配，有

$$w^{SMD}_{\alpha\beta} = \frac{1}{k_\beta} \sum_{i=1}^{n} \frac{\alpha_{i\alpha} \alpha_{i\beta}}{k_i} = w^{MD}_{\alpha\beta} \qquad (9.15)$$

显然，此时 SMD 算法将退化为传统的物质扩散推荐算法 MD。根据以上算法描述，给出算法 SMD 的伪代码描述如下：

算法 9.1 SMD

输入：二部图邻接矩阵 A_{UO}，社交网络邻接矩阵 S_{UU}，目标用户 i，参数 p；

输出：用户 i 的推荐列表 L_i。

① $B_{OU} = A_{UO}^T$；

②构造对角矩阵 Λ_U、Λ_O、Λ_S；

③ $W^{SMD} = p \times B_{OU} \Lambda_U A_{UO} \Lambda_O + (1 - p) \times B_{OU} \Lambda_U S_{UU} \Lambda_S A_{UO} \Lambda_O$；

④for each $\alpha \in O$ do

⑤　if $\alpha_{i\alpha} = 1$ then

⑥　　$f_\alpha = 1$；

⑦　else

⑧　　$f_\alpha = 0$；

⑨　end if

⑩end for

⑪$\vec{f'} = W^{SMD} \vec{f}$；

⑫$RL = \varphi$；

⑬for each $\alpha \in O$ do

⑭　if $\alpha_{i\alpha} = 0$ then

⑮　　将 *item* α 加入集合 RL；

⑯　end if

⑰end for

⑱$L'_i \longleftarrow \{$按照 $\vec{f'}$ 降序排列的 $RL\}$。

算法 9.1 主要包括三个阶段：阶段 1　完成扩散状态转移矩阵 W^{SMD}

的初始化，对应行①～③；阶段 2　完成 SMD 算法的物质扩散过程，对应行④～⑪；阶段 3　依据 item 拥有的物质量形成目标用户的推荐列表，对应行⑫～⑱。

我们用图 9.3 的一个简单示例描述两层耦合网络上的物质扩散过程。在图 9.3 中，参数 p 取值为 1/2，黑色小人表示目标用户而方框表示 item，用户之间的连线表示他们是好友，用户与 item 之间的连线表示用户选择了该 item，方框的颜色越深表示 item 拥有的资源数量越多。

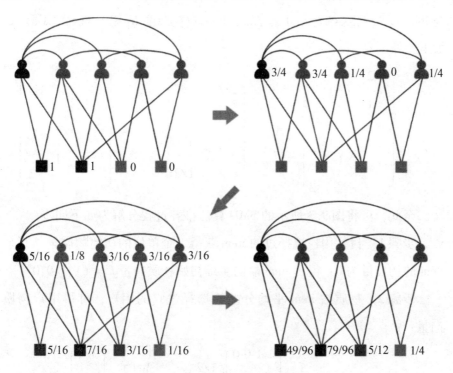

图 9.3　SMD 算法推荐过程示意图

在图 9.3 所示的示意图中，我们不妨将用户从左到右分别编号为 1、2、3、4、5，item 从左到右分别编号为 1、2、3、4。由图 9.3 的网络结构容易得到二部图的邻接矩阵 A_{UO}、社交网络的邻接矩阵 S_{UU}、矩

阵 A_{UO} 的转置矩阵 B_{OU}，分别为：

$$A_{UO} = \begin{bmatrix} 1 & 1 & 0 & 0 \\ 1 & 1 & 1 & 0 \\ 0 & 1 & 1 & 0 \\ 0 & 0 & 1 & 1 \\ 0 & 1 & 0 & 1 \end{bmatrix} \quad S_{UU} = \begin{bmatrix} 0 & 1 & 1 & 0 & 1 \\ 1 & 0 & 0 & 1 & 0 \\ 1 & 0 & 0 & 0 & 1 \\ 0 & 1 & 0 & 0 & 0 \\ 1 & 0 & 1 & 0 & 0 \end{bmatrix} \quad B_{OU} = \begin{bmatrix} 1 & 1 & 0 & 0 & 0 \\ 1 & 1 & 1 & 0 & 1 \\ 0 & 1 & 1 & 1 & 0 \\ 0 & 0 & 0 & 1 & 1 \end{bmatrix}$$

基于矩阵 A_{UO} 和 S_{UU} 可以分别构造与用户度 k_i 相关的对角矩阵 Λ_U、与 item 度 k_α 相关的对角矩阵 Λ_O、与用户社会度 K_i 相关的对角矩阵 Λ_S 如下：

$$\Lambda_U = \begin{bmatrix} 1/2 & & & & \\ & 1/3 & & & \\ & & 1/2 & & \\ & & & 1/2 & \\ & & & & 1/2 \end{bmatrix} \quad \Lambda_O = \begin{bmatrix} 1/2 & & & \\ & 1/4 & & \\ & & 1/3 & \\ & & & 1/2 \end{bmatrix} \quad \Lambda_S = \begin{bmatrix} 1/3 & & & & \\ & 1/2 & & & \\ & & 1/2 & & \\ & & & 1 & \\ & & & & 1/2 \end{bmatrix}$$

至此，可将图 9.3 所示的 SMD 算法推荐过程分解为如下四步：

步骤 1　目标用户选择过的 item 获得 1 个单位的初始物质量，其余 item 的物质量为 0，得到 item 端的 4 维初始物质向量 $\vec{f} = (1,1,0,0)^T$。

步骤 2　物质被 item 平均分配给选择过它的用户，可得用户物质向量：

$$\vec{g} = A_{UO}\Lambda_O\vec{f} = \begin{bmatrix} 1 & 1 & 0 & 0 \\ 1 & 1 & 1 & 0 \\ 0 & 1 & 1 & 0 \\ 0 & 0 & 1 & 1 \\ 0 & 1 & 0 & 1 \end{bmatrix}\begin{bmatrix} 1/2 & & & \\ & 1/4 & & \\ & & 1/3 & \\ & & & 1/2 \end{bmatrix}\begin{bmatrix} 1 \\ 1 \\ 0 \\ 0 \end{bmatrix} = \begin{bmatrix} 3/4 \\ 3/4 \\ 1/4 \\ 0 \\ 1/4 \end{bmatrix}$$

步骤 3　用户将所拥有物质的 1/2 通过用户 – item 二部图平均分配

给他/她选择过的 item，得到 item 的物质向量：

$$\vec{h_o} = p \times B_{OU} \, \Lambda_U \, \vec{g} = \frac{1}{2} \begin{bmatrix} 1 & 1 & 0 & 0 & 0 \\ 1 & 1 & 1 & 0 & 1 \\ 0 & 1 & 1 & 1 & 0 \\ 0 & 0 & 0 & 1 & 1 \end{bmatrix} \begin{bmatrix} 1/2 \\ 1/3 \\ 1/2 \\ 1/2 \\ 1/2 \end{bmatrix} \begin{bmatrix} 3/4 \\ 3/4 \\ 1/4 \\ 0 \\ 1/4 \end{bmatrix} = \begin{bmatrix} 5/16 \\ 7/16 \\ 3/16 \\ 1/16 \end{bmatrix}$$

另外，用户将拥有的 $(1 - \frac{1}{2})$ 部分物质通过社交网络平均分配给他/她的好友，得到用户的物质向量：

$$\vec{h_U} = (1 - p) \times S_{UU} \, \Lambda_s \, \vec{g} = \frac{1}{2} \begin{bmatrix} 0 & 1 & 1 & 0 & 1 \\ 1 & 0 & 0 & 1 & 0 \\ 1 & 0 & 0 & 0 & 1 \\ 0 & 1 & 0 & 0 & 0 \\ 1 & 0 & 1 & 0 & 0 \end{bmatrix} \begin{bmatrix} 1/3 \\ 1/2 \\ 1/2 \\ 1 \\ 1/2 \end{bmatrix} \begin{bmatrix} 3/4 \\ 3/4 \\ 1/4 \\ 0 \\ 1/4 \end{bmatrix} = \begin{bmatrix} 5/16 \\ 1/8 \\ 3/16 \\ 3/16 \\ 3/16 \end{bmatrix}$$

步骤 4　用户将获得的物质通过用户 – item 二部图平均分配给他/她选择的 item，得到 item 最终的物质向量：

$$\vec{f} = \vec{h_o} + B_{OU} \, \Lambda_U \, \vec{h_U} = \begin{bmatrix} 5/16 \\ 7/16 \\ 3/16 \\ 1/16 \end{bmatrix} + \begin{bmatrix} 1 & 1 & 0 & 0 & 0 \\ 1 & 1 & 1 & 0 & 1 \\ 0 & 1 & 1 & 1 & 0 \\ 0 & 0 & 0 & 1 & 1 \end{bmatrix} \begin{bmatrix} 1/2 \\ 1/3 \\ 1/2 \\ 1/2 \\ 1/2 \end{bmatrix} \begin{bmatrix} 5/16 \\ 1/8 \\ 3/16 \\ 3/16 \\ 3/16 \end{bmatrix} = \begin{bmatrix} 49/96 \\ 79/96 \\ 5/12 \\ 1/4 \end{bmatrix}$$

推荐系统将目标用户未选择的 item 按照其拥有资源量按降序排列并形成推荐列表 {3，4}。

第五节　实验研究

一、实验数据

我们利用 Friendfeed 和 Epinions 数据集评估 SMD 算法的推荐性能，首先将两个数据集中用户 – item 二部图的边随机地划分出 10% 作为测试集 E^P，剩下的 90% 作为训练集 E^T，随机抽样 10 次得到 10 个样本。在应用 SMD 算法时，我们先将参数 p 设置为 0、0.2、0.4、0.6、0.8、1，然后将 RS 取得最优值对应的参数 p 附近的区间进行细分，分别计算每个样本每个 p 值对应的评价指标值，再依据 p 值进行分组汇总得到每个指标的平均值。然后从以下两个角度评估 SMD 算法的推荐效率：（1）考虑 Friendfeed（Epinions）数据集的全部用户；（2）只考虑 Friendfeed（Epinions）数据集中满足 $k_i \leqslant 5$（$k_i \leqslant 13$）的用户，这部分用户分别占 Friendfeed 和 Epinions 数据集总用户数的 33.44% 和 21.69%，为了和其他用户区分开来，我们将 Friendfeed（Epinions）数据集中满足 $k_i \leqslant 5$（$k_i \leqslant 13$）的用户称为不活跃用户。

另外，为了考察 SMD 算法在缓解冷启动问题上的表现，我们人为地制造了冷启动环境，将 Friendfeed（Epinions）数据集中用户 – item 二部图与 $k_i < 4$（$k_i < 8$）的用户邻接的边作为测试集，其余的边作为训练集，并将 Friendfeed（Epinions）数据集满足 $k_i < 4$（$k_i < 8$）的用户视为冷启动用户，以评估 SMD 算法在冷启动环境下的推荐性能。

二、评价指标

评价一个推荐系统的推荐性能时，通常将推荐精度作为最重要的标准。在此基础上，推荐系统是否能为用户推荐种类丰富的 item、是否能将用户的推荐列表尽量覆盖所有 item 也需要加以考虑。不仅如此，电子商务领域的推荐系统还需要考虑所推荐的商品可能脱销，从而影响客户的使用体验。因此，我们借助 8 个评价指标来评估我们所研究算法的性能，它们分别是：排序分[41]（Ranking Score，简记为 RS）、用户间多样性[249]（Inter – user diversity，简记为 H）、用户内多样性[250]（Intra – user diversity，简记为 I）、新颖性[253]（Novelty，简记为 N）、覆盖率[251]（Coverage，简记为 Cov）、拥塞率[254]（Congestion，简记为 C）、准确率[248]（Precision，简记为 P）和召回率[255]（Recall，简记为 R）。其中，排序分、准确率、召回率用于评估推荐算法的推荐精度，多样性和新颖性指标用来评估推荐算法为用户提供多样性推荐的能力，拥塞率指标则用于从宏观上评价推荐算法的推荐均匀性。

（1）Ranking Score 指标

排序分指标（Ranking Score）用于衡量推荐算法所产生的排序推荐列表符合用户偏好的能力。对于目标用户，推荐系统根据他/她的偏好将所有未被其选择过的 item 进行排序并形成推荐列表返回给他/她。在实际计算中，将测试集中每个与目标用户邻接的 item 在该目标用户推荐列表中的序号相加并取平均值得到单个用户的排序分，然后将测试集中所有用户的排序分求平均值即得到系统的排序分。对于某一目标用户 i 来说，item α 的排序分可以定义为：

$$RS_{i\alpha} = \frac{L_{i\alpha}}{L_i} \tag{9.16}$$

其中 $L_{i\alpha}$ 表示 item α 在用户 i 的推荐列表中的排名，L_i 表示用户 i 的推荐列表长度，即用户 i 未选择过的 item 总数。然后，可以定义目标用户的平均排序分为：

$$\mathrm{RS}_i = \frac{1}{|\{(i,\alpha) \in E^P\}|} \sum_{(i,\alpha) \in E^P} \mathrm{RS}_{i\alpha} \qquad (9.17)$$

在这里，E^P 表示测试集，(i,α) 表示测试集中一条连接用户 i 和 item α 的边。最后，将测试集中所有用户的排序分进行平均即可得到推荐系统的排序分。排序分越小，说明推荐系统倾向于把目标用户喜欢的 item 排在前面，反之，则说明推荐系统倾向于把目标用户喜欢的 item 排在后面。因此，一个好的推荐系统应该把那些用户具有潜在兴趣的 item 排在最前面，以得到最小的排序分。

（2）Precision 指标

准确率（Precision）表示用户对系统推荐给他的 item 感兴趣的概率，主要用来衡量推荐系统正确预测目标用户对 item 感兴趣或不感兴趣的能力。通常，设定推荐列表长度为 L，推荐系统根据某种规则将被推荐的 item 进行排序，认为排在最前面的 L 个 item 是用户最喜欢的，因此将它们推荐给用户。对于目标用户 i，准确率指标 $P_i(L)$ 定义为：

$$P_i(L) = \frac{d_i(L)}{L} \qquad (9.18)$$

这里，$d_i(L)$ 表示既在测试集中被用户 i 选择了又出现在长度为 L 的推荐列表中的 item 个数，也就是推荐系统猜中的用户感兴趣的 item 数。将测试集中所有用户的 $P_i(L)$ 平均即可得到整个推荐系统的准确率 $P(L)$。

（3）Recall 指标

召回率指标（Recall）表示一个用户喜欢的 item 被推荐给他的概

率，定义为长度为 L 的推荐列表中用户喜欢的 item 与系统中用户喜欢的所有 item 的比率。对于目标用户 i，其召回率可定义为：

$$\mathrm{R}_i(L) = \frac{d_i(L)}{B_i} \tag{9.19}$$

其中，$d_i(L)$ 表示既在测试集中被用户 i 选择了又出现在长度为 L 的推荐列表的 item 个数，B_i 表示在测试集中用户 i 选择的 item 总数。

（4）Inter – user diversity 指标

用户间多样性指标（Inter – user diversity）主要用于度量不同用户的推荐列表之间的重合度，用于衡量推荐系统为不同用户推荐不同 item 的能力。对于给定的用户 i 和 j，可以利用汉明距离（Hamming Distance）计算他们的推荐列表之间的重合度：

$$H_{ij}(L) = 1 - \frac{C_{ij}(L)}{L} \tag{9.20}$$

其中，$C_{ij}(L)$ 表示他们的推荐列表前 L 个位置相同 item 的个数。显而易见，如果用户 i 和 j 的推荐列表完全相同，那么 $H_{ij}(L) = 0$；如果用户 i 和 j 的推荐列表完全不同，则 $H_{ij}(L) = 1$。将测试集中所有成对用户的 $H_{ij}(L)$ 进行平均即可得到推荐系统的用户间多样性 $H(L)$。因此，一个性能良好的推荐系统应该倾向于为不同的用户推荐不同的 item，以得到较大的 $H(L)$ 值。否则，如果 $H(L) = 0$，说明推荐系统为所有目标用户返回的推荐列表完全相同。

（5）Intra – user diversity 指标

用户内多样性指标（Intra – user diversity）用于量化单个用户的推荐列表中 item 之间的相似性，主要用于衡量推荐系统为一个用户推荐多样性 item 的能力。对于目标用户 i，他的推荐列表中 item 的相似性可以定义为：

$$I_i(L) = \frac{1}{L(L-1)} \sum_{\substack{\alpha, \beta \in O_i(L)}}^{\alpha \neq \beta} S_{\alpha\beta}^o \qquad (9.21)$$

在这里，$S_{\alpha\beta}^o$ 表示 item α 和 item β 之间的相似性，$O_i(L) = \{O_1,$ $O_2, \cdots, O_L\}$ 表示目标用户 i 的推荐列表中排名在最前面的 L 个 item 组成的集合。有许多相似性指标可以用于度量 item 之间的相似性，这里我们使用 Cosine 相似性指标来计算两个 item 的相似性。给定 item α 和 item β，它们之间的相似性可定义为：

$$S_{\alpha\beta}^o = \frac{1}{\sqrt{k_\alpha k_\beta}} \sum_{l=1}^{n} \alpha_{l\alpha} \alpha_{l\beta} \qquad (9.22)$$

对所有目标用户的 $I_i(L)$ 值进行平均即可得到整个推荐系统的用户内多样性指标值 $I(L)$。一个好的推荐算法应该能够覆盖单个用户的足够多的兴趣领域，由此得到较低的用户内多样性分值。

（6）Novelty 指标

新颖性指标（Novelty）主要用于衡量推荐系统为用户推荐潜在流行的 item 的能力。推荐流行的 item 给用户在一定程度上固然可以提高推荐准确性但却会使得用户体验满意度打折扣，为用户推荐潜在流行的 item 也许会给他们带来惊喜。度量新颖性最简单的方法是计算目标用户推荐列表中被推荐 item 的度 k_α 的平均值，对于目标用户 i，其新颖性指标 $N_i(L)$ 可定义为：

$$N_i(L) = \frac{1}{L} \sum_{\alpha \in O_i(L)} k_\alpha \qquad (9.23)$$

这里，$O_i(L)$ 仍然表示目标用户 i 的推荐列表中排名在最前面的 L 个 item 组成的集合。将所有目标用户的 $N_i(L)$ 进行平均就可得到整个系统的新颖性指标值 $N(L)$。越小的 $N(L)$ 值表示推荐系统为用户带来越多的惊喜，一个好的推荐系统应该能够识别用户不太可能通过其他方式发现但符合他们偏好的潜在流行的 item。

（7）Coverage 指标

覆盖率指标（Coverage）是所有用户推荐列表中包含的不同 item 数与系统中 item 总数的比值，它主要用于衡量推荐系统为用户找出所有感兴趣的 item 的能力。对于给定的推荐列表长度 L，推荐算法的覆盖率 $Cov(L)$ 可以定义为：

$$Cov(L) = \frac{1}{m} \sum_{\alpha=1}^{m} \delta_\alpha \qquad (9.24)$$

其中，系统中 item 总数为 m，如果 item α 在某个用户长度为 L 的推荐列表中出现过，则 $\delta_\alpha = 1$，否则 $\delta_\alpha = 0$。覆盖率指标值越小，推荐系统的覆盖范围越小，意味着用户可选择的 item 很少，那么这个推荐系统可能会因为其推荐范围的局限性而降低用户的满意度。覆盖率越高，那么推荐系统为用户推荐的 item 种类越多，通常情况下会带来更好的推荐多样性和新颖性。如果一个系统经常将流行的 item 推荐给用户，那么它的覆盖率往往很低，通常多样性和新颖性也较低。

（8）Congestion 指标

类似于市场上常见的供不应求和断货现象，当推荐系统向大量用户推荐少数几个不同的 item 时，可能会发生拥塞。拥塞指标（Congestion）可以通过基尼系数（Gini coefficient）来量化得到。首先，我们计算每个 item 在所有用户长度为 L 推荐列表中出现的次数，然后按照升序对它们进行排序，接着计算被推荐次数的累积分布并规范化，从而得到洛伦兹曲线（Lorenz curve）$R(x)$，其中 $x \in [0,1]$ 表示 item 排序序号规范化后的值，最后拥塞指标可定义为：

$$C(L) = 1 - 2\int_0^1 R(x)\,dx \qquad (9.25)$$

如果系统中所有 item 被推荐的次数都相等，那么 $C(L) = 0$。多样性和拥塞率是评估推荐系统性能的两种不同类型的指标。多样性从微观的角度来衡量用户推荐列表之间的区别或用户推荐列表内 item 之间的差异，而拥塞率则反映了推荐均匀性的宏观统计特性。

三、实验结果及分析

为了比较算法之间的性能差异，本文选取以下算法进行比较。

- MD：物质扩散算法。
- HC：热传导算法。
- HHP：物质扩散与热传导的混合算法。

如前所述，本章提出的算法是传统物质扩散算法的拓展，$p = 1$ 时，本文算法 SMD 退化为传统物质扩散算法 MD，我们在数据集 Friendfeed 和 Epinions 上运行 SMD 算法，实验结果如图 9.4 所示，虚线表示 SMD 算法中 RS 取得最小值对应的参数值 p^*，在 $p = 1$ 处获得 MD 算法的 RS 值。

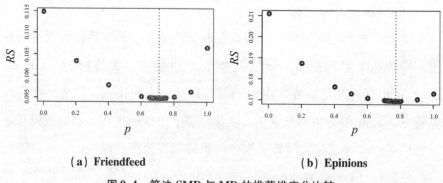

(a) Friendfeed　　　　(b) Epinions

图9.4　算法 SMD 与 MD 的推荐排序分比较

如图9.4 所示，在 Friendfeed 数据集中 $p = 1$ 对应的 RS 值为 0.106，在 $p = 0.71$ 时 RS 值达到最优为 0.095，在 SMD 算法的 RS 最优值处较

MD 算法提高了 10.9%；对于 Epinions 数据集，RS 指标值从 $p=1$ 对应的 0.173 降至 $p=0.77$ 对应的 0.1696，就 RS 最优值而言 SMD 算法较 MD 算法提高幅度为 2.11%。可以发现，SMD 算法在排序分指标方面在 Friendfeed 数据集的表现较 Epinions 数据集要好得多，这主要是因为 Friendfeed 数据集拥有比 Epinions 数据集更稠密的社交网络和较稀疏的用户 – item 二部图，社交网络信息在 Friendfeed 数据集上的效用得到了更大的发挥。

除此之外，在 Friendfeed 和 Epinions 数据集上，我们分别将 SMD 算法与 MD、HC 和 HHP 算法的推荐结果进行了比较，实验结果见表 9.1，表中推荐准确率的结果是将推荐列表长度设定为 20 时得到的，λ^* 和 p^* 分别表示 HHP 算法和 SMD 算法 RS 最优值对应的参数取值。

表 9.1　MD、HC、HHP 和 SMD 算法推荐结果比较

Friendfeed	MD	HC	HHP ($\lambda^* = 0.67$)	SMD ($p^* = 0.71$)
RS	0.1064	0.1219	0.1048	**0.0948**
P (20)	0.0200	0.0120	**0.0209**	0.0190
Epinions	MD	HC	HHP ($\lambda^* = 0.51$)	SMD ($p^* = 0.77$)
RS	0.1731	0.2179	**0.1642**	0.1696
P (20)	0.0208	0.0075	**0.0252**	0.0196

在实际的网络中，用户通常不会选择大量的 item，即用户 – item 二部图是很稀疏的。从用户和 item 两方面来说，那就是有许多用户只选择过少量 item 或某些 item 只被少数用户选择过。为了验证 SMD 算法在缓解数据稀疏性方面的性能，我们将 Friendfeed 和 Epinions 数据集中满足 $k_i \leqslant 35$ 的用户群体作为考察对象，当 $p=0.71$ 和 $p=0.77$ 时 SMD 算法的 RS 值分别在 Friendfeed 和 Epinions 数据集上达到最优，这时

Friendfeed 和 Epinions 中满足 $k_i \leqslant 35$ 的用户的排序分依据 k_i 进行分组汇总后求平均值，结果如图 9.5 所示。

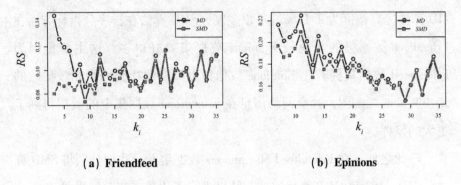

(a) Friendfeed   (b) Epinions

图 9.5　针对 $k_i \leqslant 35$ 的用户，SMD 算法和 MD 算法的排序分比较

由图 9.5 容易看出，对于 Friendfeed 数据集，$k_i \leqslant 35$ 的用户在 $p = 0.71$ 处的 RS 值按 k_i 分组汇总后求平均值，SMD 算法得到的 RS 值都低于 MD 算法得到的 RS 值。因此，对于这部分选择 item 很少的用户来说 SMD 算法较 MD 算法在推荐排序分方面均有提高，而且可以观察到度越小推荐排序分提高幅度越大的趋势，Epinions 数据集上可以观察到同样的趋势。

由图 9.6 可以看出，k_i 与排序分的改进率之间存在负相关关系，k_i 不断增长时 SMD 算法较 MD 算法的改进率在不断减少。这是因为对于选择 item 较少的目标用户，可供推荐算法加以利用的用户历史选择信息很少，难以为其推荐符合其潜在兴趣的 item，但是额外的社交网络信息的加入却使推荐精度得到了较大幅度的提高。

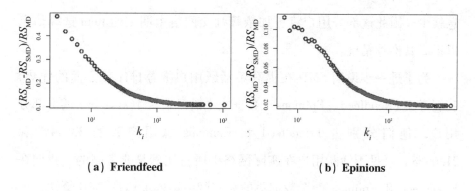

（a）Friendfeed　　　　　　　（b）Epinions

图 9.6　SMD 算法较 MD 算法的改进率与 k_i 的关系

为进一步研究参数 p 与 k_i 的关系，我们将 RS 值按 k_i 进行分组汇总，分别确定度为 k_i 时 RS 取最优值对应的参数 p 的值，将该值记作 p^*，实验结果如图 9.7 所示。

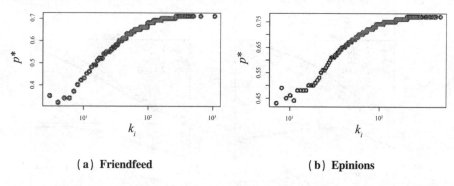

（a）Friendfeed　　　　　　　（b）Epinions

图 9.7　对于给定的 k_i，SMD 算法 RS 最优时对应的参数 p^*

由图 9.7 可以看出，在 Friendfeed 和 Epinions 数据集上参数 p^* 与 k_i 的关系呈现出了一致的趋势，即 k_i 越小则使 RS 达到最优值的 p^* 取值也越小。在 SMD 算法中参数 p 的取值意味着推荐过程中经由社交网络进行传输后到达 item 的物质占物质总量的比例，参数 p 的值越小表示经由社交网络进行扩散的物质量所占比例越大。图 9.7 展现的这种趋势说明当用户选择的 item 较少时，可被推荐算法加以利用的用户历史选择信

167

息就少，因此这部分用户将更加依赖社交网络中朋友的 item 选择信息以提高其推荐精度。

为了进一步说明 SMD 在提高不活跃用户推荐排序分方面的优势，我们考察 Friendfeed（Epinions）数据集中满足 $k_i \leq 5$（$k_i \leq 13$）的那部分用户，他们分别占 Friendfeed 和 Epinions 总用户数的 33.44% 和 21.69%，可见不活跃用户在实际网络中所占比例是非常高的。我们在 Friendfeed 和 Epinions 两个数据集的完整网络结构上运行 SMD 算法，但只计算这部分不活跃用户的 RS 值，实验结果如图 9.8 所示，图中由上而下贯穿的虚线表示 SMD 算法 RS 值对应的参数值 p^*。

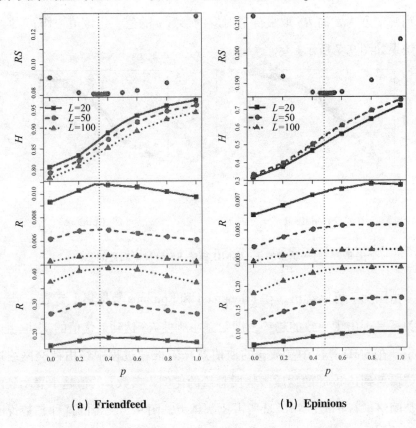

（a）Friendfeed　　　　　　（b）Epinions

图 9.8　对于不活跃用户，SMD 算法与 MD 算法推荐结果比较

由图 9.8 可以看到，在 Friendfeed 中，SMD 算法的 *RS* 值在 $p = 0.34$ 取得最优值，SMD 算法较 MD 算法在推荐排序分方面提高了 38.57%；在 Epinions 中，*RS* 在 $p = 0.48$ 取得最优值，SMD 算法较 MD 算法提高了 8.75%。

另外，我们发现 Friendfeed 数据集上的不活跃用户更加依赖融合社交网络信息的推荐，在运行 SMD 算法时，满足 $p < 1$ 的所有参数取值对应的 *RS* 值均小于 $p = 1$ 对应的 *RS* 值。换句话说，只要有物质经由社交网络进行扩散，SMD 算法的推荐排序分就有较大提高，这主要是因为占 Friendfeed 数据集总用户数 33.44% 的不活跃用户只选择过不超过 5 个 item，仅仅依靠用户 – item 二部图很难得到满意的推荐结果，而相对丰富的社交网络信息可以帮助我们更好地推测用户的个性偏好，为用户生成更加贴近其个性偏好的推荐列表。针对这部分不活跃用户，我们进一步在 Friendfeed 和 Epinions 数据集上应用 HC 和 HHP 算法，实验结果见表 9.2。

表 9.2 针对不活跃用户，MD、HC、HHP 和 SMD 算法推荐结果比较

Friendfeed	MD	HC	HHP ($\lambda^* = 1$)	SMD ($p^* = 0.34$)
RS	0.1312	0.1519	0.1312	**0.0806**
P (20)	0.0097	0.0057	0.0097	**0.0108**
R (20)	0.1702	0.1003	0.1702	**0.1867**
Epinions	MD	HC	HHP ($\lambda^* = 0.67$)	SMD ($p^* = 0.48$)
RS	0.2045	0.2515	0.2016	**0.1866**
P (20)	0.0080	0.0025	**0.0089**	0.0075
R (20)	0.1046	0.0321	**0.1149**	0.0962

在表 9.2 中，HHP 算法在 Friendfeed 和 Epinions 数据集上分别在

$\lambda = 1$ 和 $\lambda = 0.67$ 处取得最优值。当我们考察两个数据集占比超过20%的不活跃用户时，HHP 算法基本上退化为 MD 算法，表明 HHP 算法针对不活跃用户在推荐排序分方面较 MD 算法基本没有优势。而 SMD 算法在两个数据集上较其他三个算法在推荐精度方面均有一定程度的改进。

就 Friendfeed 数据集而言，SMD 算法较 HHP 算法在推荐排序分方面提高38.57%，较 HC 算法更是有46.94%的提高幅度，对于目标用户仅选择了少量 item 这类推荐算法的数据稀疏性问题，SMD 算法通过融合社交网络可以使之得到较大程度的缓解。

四、数据稀疏性对推荐算法性能的影响

为了进一步验证推荐结果对测试集所占百分比的敏感性，我们以如下方式从 Friendfeed 数据集抽取 9 个新的样本进行实验：保持社交网络数据不变，从用户 – item 二部图的连边集合 E_{UO} 中分别随机地抽取 10%、20%、……、90%的连边移入测试集 E^P，剩下的连边和社交网络中用户间的连边组成训练集 E^T；类似地，从 Epinions 数据集抽取 9 个新的样本。然后计算 SMD 算法较 MD 算法在 RS 指标上的改进率，实验结果如图9.9所示。

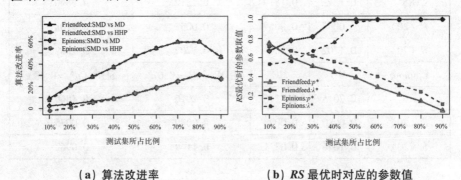

　　（a）算法改进率　　　　　　（b）RS 最优时对应的参数值

图9.9　测试集占比不同时 SMD 算法较 MD、HHP 算法的改进率与最优参数

从图 9.9（a）容易看出，两个数据集上的实验结果都表明在推荐排序分方面 SMD 算法较 MD 算法的改进率与测试集所占百分比呈正相关关系。在 Friendfeed 数据集上，当测试集所占百分比为 80% 时，SMD 算法比 MD 算法在 RS 指标上提高最多，达到 59.61%。Epinions 数据集上测试集所占百分比为 80% 时，SMD 算法较 MD 算法改进率达到峰值 30.21%。

由于 Friendfeed 和 Epinions 数据集用户平均选择的 item 数即平均度为 23 和 37，而且 Friendfeed 数据集选择 item 最少的用户只选择了 3 个 item，在 Epinions 数据集中用户最少选择了 7 个 item，所以 Friendfeed 的二部图较 Epinions 要稀疏得多。在测试集所占百分比不断增加的情况下，在 Friendfeed 中会出现大量选择 item 很少的用户，从而推荐排序分指标 RS 的改进比 Epinions 数据集显著得多。

另外，由图 9.9（a）可以发现，随着测试集所占比例越来越高，在 Friendfeed 数据集上 SMD 算法较 MD 和 HHP 算法的改进率不断逼近，并在测试集占比 40% 时重合在一起，这是因为随着训练集用户 - item 二部图越来越稀疏，HHP 算法不断逼近 MD 算法并最终退化为 MD 算法。在 Epinions 数据集上也可以观察到同样的现象，只是 HHP 算法在测试集占比 60% 时才退化为 MD 算法，主要是因为 Epinions 拥有一个较 Friendfeed 数据集更为稠密的用户 - item 二部图。

由图 9.9（b）可以看到，测试集所占比例越高，HHP 算法 RS 最优值对应的参数值 λ^* 也越来越大，而 SMD 算法的参数值 p^* 却越来越小。测试集所占比例高，训练集所占比例则低，也就是训练集的用户 - item 二部图越来越稀疏，为了得到较优的排序分，HHP 算法推荐过程中有更多的资源通过物质扩散的方式进行传输，因此 λ^* 会越来越大到最后等于 1，也就是 HHP 算法退化为 MD 算法。同时，越稀疏的用户

–item二部图就需要利用越多的社交信息以帮助提高 SMD 算法的推荐排序分，因此 SMD 算法的参数值 p^* 越来越小。换句话说，通过在两个数据集上应用 SMD 算法，随着测试集所占比例的不断增大，越来越多的物质需要经过社交网络进行扩散才能得到较好的推荐结果。

五、缓解冷启动问题的新思路

对于没有选择过任何 item 的新用户，推荐系统没有可以利用的历史信息，无法猜测他们的喜好，因此无法为他们推荐切合他们潜在兴趣的 item。这个问题被称为冷启动问题。这种情况下，大多数系统都会根据 item 的受欢迎程度向新用户推荐最流行的 item，对于特定的 item α 来说，首先通过计算选择该 item 的用户数得到 item α 的度 k_α，然后按照 k_α 对所有 item 进行降序排列并形成推荐列表，我们称之为全局排序方法（Global Ranking Method，GRM）。GRM 为所有用户提供相同的推荐列表，因此它不是一个个性化的推荐算法，但因其实现简单并且只需耗费极少量的计算资源，所以它得到了广泛的应用。由于 SMD 算法将社交网络信息融入推荐算法，用户也许没有选择过任何 item，但他可能已经在社交网络中有了一些好友，因此 SMD 算法可以作为 GRM 算法的替代方案，为没有选择过任何 item 的新用户提供个性化推荐。

为了说明 SMD 算法在缓解冷启动问题方面的有效性，我们将用户 –item 二部图中某些用户与 item 的连边全部放入测试集，剩下的用户 –item 连边组成训练集，然后利用 SMD 算法为这些目标用户推荐 item。换句话说，把这些目标用户看作新用户，因为系统没有任何关于他们对 item 的偏好信息，但是拥有他们所选择好友的社交信息。具体来说，对于 Friendfeed 数据集，我们研究一组 $k_i < 4$ 的用户，并将所有他/她的用

户-item 连边全部移入测试集，同时保持网络的其余部分作为训练集。类似地，对于 Epinions 数据集，我们只考虑 $k_i < 8$ 的用户。

SMD 算法的初始化阶段，将 1 个单位的物质放置在目标用户节点上，由于在训练集中该目标用户没有选择任何 item，因此目标用户先将自己拥有的物质平均分配给他/她在社交网络中的好友，然后他/她的好友将得到的物质平均分配给自己选择的 item，最后，按照 item 拥有的物质量进行排序并将目标用户没有选择过的 item 组织为推荐列表。实验结果如图 9.10 柱状图所示，应用 SMD 获得的推荐结果在几乎所有评价指标（除用户内多样性外）方面对 GRM 算法都有较大幅度的改进。图 9.10 中以颜色区分不同的评价指标，图中展示的改进率限定在 100%，但在色柱上标注了实际改进率。

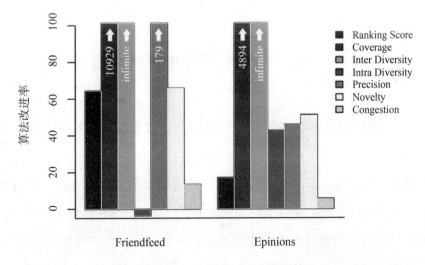

图 9.10　SMD 算法与 GRM 算法针对冷启动用户的推荐结果比较

由于 GRM 算法为所有目标用户提供完全相同的推荐列表，所以由用户间多样性指标的定义可知，该算法的用户间多样性指标值为 $H = 0$。与 GRM 算法不同的是，SMD 算法为用户提供个性化的推荐列表，因此在用户间多样性方面有了极大的提高。

由图 9.10 可见，对于 Friendfeed 数据集，SMD 算法较 GRM 算法在排序分、覆盖率、准确率、新颖性和拥塞率等指标下分别提高了 63.65%、10929%、179%、65.11% 和 13.38%。但是，SMD 算法的用户内多样性指标值较 GRM 算法低了 3.53%。

就 Epinions 数据集而言，SMD 算法较 GRM 算法在所有评价指标下均有改进，在排序分、覆盖率、用户内多样性、准确率、新颖性和拥塞率等指标下分别提高了 17.04%、4894%、42.29%、45.46%、50.73% 和 5.73%。由于社交网络信息的加入，SMD 算法可以利用目标用户的朋友关系预测其潜在兴趣，从而为用户提供个性化推荐列表，SMD 算法是缓解冷启动问题的一次有益探索。

第六节　本章小结

本章提出了一种融合社交网络信息的物质扩散推荐算法 SMD，该算法通过物质扩散过程将社交网络信息有机地融入推荐过程中。实验结果表明，当用户选择的 item 很少时，社交网络信息在推荐过程中发挥了极其重要的作用；在数据特别稀疏的情况下，该算法较传统的 MD 和 HHP 算法在推荐排序分方面提高的幅度非常大，这一方面说明 SMD 算法适用于用户 – item 二部图相对稀疏而社交网络相对稠密的两层耦合网络，另一方面也显示了 SMD 算法在缓解数据稀疏性问题上的能力；对于数据稀疏性问题的极端情况冷启动问题，实验结果表明 SMD 算法能够有效缓解冷启动问题对推荐算法性能的影响，可以借助社交网络信息为目标用户提供个性化的推荐列表。

第十章

考虑信任传递的物质扩散推荐算法

近年来，各种网络应用中的个性化推荐服务得到了长足的进步，包括电子商务、电子政务、在线教育和在线医疗服务等领域在内的 WEB 服务提供商都在大量应用个性化推荐系统。在现实生活中，人们在购买产品或服务时通常会征询朋友的意见，而不是采纳导购员的建议，使用社交网络中的信息向用户推荐产品，能够提高用户的接受度。从第九章提出 SMD 算法结果的比较与分析可以看到，SMD 算法只利用了用户的直接好友选择 item 的信息，推荐性能较 MD 和 HHP 算法有一定程度的改善，但在推荐过程中没有充分发挥社交网络中的好友关系信息。基于此，本章提出考虑用户间信任传递的物质扩散推荐算法，不仅考虑目标用户在社交网络中直接好友的 item 选择信息，而且将目标用户在社交网络中的二阶好友的 item 偏好信息纳入到推荐算法中。

第一节 考虑信任传递的物质扩散推荐算法

我们将两层耦合网络记作 $G(U, O, E_{UO}, E_{UU})$，其中 U 表示 n 个用户的集合、O 表示 m 个 item 的集合、E_{UO} 表示用户与 item 的连边集合、E_{UU} 表示用户之间的连边集合。这个两层网络由两个子网络即用户 – item 二部图 $G_{UO}(U, O, E_{UO})$ 和社交网络 $G_{UU}(U, E_{UU})$ 组成。我们用矩阵 $A_{UO} =$

$(\alpha_{i\alpha})_{n \times m}$ 刻画用户 – item 二部图 G_{UO}，如果用户 i 选择了 item α 则 $\alpha_{i\alpha} = 1$，否则 $\alpha_{i\alpha} = 0$。类似地，我们用一个 $n \times n$ 矩阵 $S_{UU} = (s_{ij})_{n \times n}$ 刻画社交网络 G_{UU}，如果用户 i 和 j 是朋友则矩阵元素 $s_{ij} = 1$，否则 $s_{ij} = 0$。在用户 – item 二部图中，我们记用户 i 选择的 item 数为 k_i，选择 item α 的用户数记为 k_α。因此，k_i 和 k_α 分别表示用户 – item 二部图中用户 i 和 item α 的度。另一方面，我们记社交网络中用户 i 的朋友数为 K_i，将之称为用户 i 的社交度。记矩阵 A_{UO} 的转置矩阵为 B_{OU}，即 $B_{OU} = A_{UO}^T = (\alpha_{\alpha i})_{m \times n}$。

首先，构造与用户度 k_i 相关的对角矩阵 $\Lambda_U = diag(d_1^u, \cdots, d_i^u, \cdots, d_n^u)$，其中

$$d_i^u = \begin{cases} 1/k_i, & 若 k_i \neq 0 \\ 0, & 若 k_i = 0 \end{cases} \tag{10.1}$$

然后，构造与 item 度 k_α 相关的对角矩阵 $\Lambda_O = diag(d_1^o, \cdots, d_\alpha^o, \cdots, d_m^o)$，其中

$$d_\alpha^o = \begin{cases} 1/k_\alpha, & 若 k_\alpha \neq 0 \\ 0, & 若 k_\alpha = 0 \end{cases} \tag{10.2}$$

最后，构造与用户社会度 K_i 相关的对角矩阵 $\Lambda_S = diag(d_1^s, \cdots, d_i^s, \cdots, d_n^s)$，其中

$$d_i^s = \begin{cases} 1/K_i, & 若 K_i \neq 0 \\ 0, & 若 K_i = 0 \end{cases} \tag{10.3}$$

经过数据预处理后两个数据集中的用户都有好友并且都选择过 item、所有 item 均被用户选择过，因此有 $k_i \neq 0$、$k_\alpha \neq 0$ 及 $K_i \neq 0$，$(1 \leq i \leq n, 1 \leq \alpha \leq m)$。

本章提出的方法利用物质扩散过程将社交网络信息有机地融入推荐过程中，我们称之为基于社交网络的物质扩散推荐算法（Social Mass

Diffusion，简记为 SocMD）。将 1 个单位的物质分配给目标用户，其他用户的初始物质量为 0，由此可以得到初始物质向量 $\vec{g}$，它是一个 n 维单位向量。然后，以公式 $\vec{g'} = W^{SocMD}\vec{g}$ 形式化地描述整个传输过程，其中 W^{SocMD} 是一个 m 行 n 列的扩散状态转移矩阵，它的元素 $w_{\alpha j}^{SocMD}$ 定义为：

$$w_{\alpha j}^{SocMD} = p \times \sum_{i=1}^{n} \sum_{\beta=1}^{m} \frac{\alpha_{i\alpha}\,\alpha_{i\beta}\,\alpha_{j\beta}}{k_i\,k_\beta\,k_j} + (1-p) \times \sum_{i=1}^{n} \sum_{l=1}^{n} \frac{\alpha_{i\alpha}\,s_{il}\,s_{lj}}{k_i\,K_l\,K_j}$$

$$(10.4)$$

在这里，参数 p 表示只在二部图进行传输的资源所占资源总量的比例。同时，$(1-p)$ 部分资源首先在社交网络中进行传输，最终扩散至用户选择的 item。SocMD 算法的推荐过程分为以下四步，可以形式化地描述为：

步骤 1　为目标用户分配 1 个单位的物质，其他用户的物质量为 0，得到用户端的 n 维初始物质向量 $\vec{g} = (g_1, \cdots, g_i, \cdots, g_n)^T$，它是一个 n 维单位向量。在初始化阶段，SocMD 算法与 MD、HC 和 SMD 算法都不同，不再为 item 分配初始资源，而是为目标用户分配初始资源。

步骤 2　用户拥有的初始物质同时向两个方向扩散：a. 通过二部图将 p 部分物质平均分配给他/她选择的 item，得到所有 item 的物质向量 $\vec{h_o} = p \times B_{OU} \Lambda_U \vec{g}$；b. 通过社交网络将 $1-p$ 部分物质平均分配给他/她的好友，得到用户端的物质向量 $\vec{h_U} = (1-p) \times S_{UU} \Lambda_s \vec{g}$。

步骤 3　该阶段用户端的物质向量来自两个方向：a. 用户将资源平均分配给他/她的社交好友，得到用户端的物质向量 $\overrightarrow{f_{U,friends}} = S_{UU} \Lambda_s \vec{h_U}$；b. item 将物质平均分配给选择过它的用户，得到用户端的物质向量 $\overrightarrow{f_{U,items}} = A_{UO} \Lambda_O \vec{h_o}$。该阶段结束后，用户端的物质向量为 $\vec{f_U} = \overrightarrow{f_{U,items}} + \overrightarrow{f_{U,friends}}$。

步骤 4　用户将拥有的所有资源平均分配给他/她选择过的 item，

得到 item 的最终物质向量：

$$\vec{g'} = B_{OU}\,\Lambda_U\,\vec{f_U}$$

$$= B_{OU}\,\Lambda_U(\overrightarrow{f_{U,items}} + \overrightarrow{f_{U,friends}})$$

$$= B_{OU}\,\Lambda_U(A_{UO}\,\Lambda_O\,\vec{h_O} + S_{UU}\,\Lambda_S\,\vec{h_U})$$

$$= B_{OU}\,\Lambda_U[A_{UO}\,\Lambda_O \times p \times B_{OU}\,\Lambda_U\,\vec{g} + S_{UU}\,\Lambda_S(1-p) \times S_{UU}\,\Lambda_S\,\vec{g}]$$

$$= [p \times B_{OU}\,\Lambda_U A_{UO}\,\Lambda_O\,B_{OU}\,\Lambda_U + (1-p) \times B_{OU}\,\Lambda_U S_{UU}\,\Lambda_S\,S_{UU}\,\Lambda_S]\vec{g}$$

$$(10.5)$$

由此可知，SocMD 算法的扩散状态转移矩阵为：

$$W^{SocMD} = p \times B_{OU}\,\Lambda_U A_{UO}\,\Lambda_O\,B_{OU}\,\Lambda_U + (1-p) \times B_{OU}\,\Lambda_U S_{UU}\,\Lambda_S\,S_{UU}\,\Lambda_S$$

$$(10.6)$$

该矩阵第 α 行第 j 列的元素为：

$$W^{SocMD}_{\alpha j} = [p \times B_{OU}\,\Lambda_U A_{UO}\,\Lambda_O\,B_{OU}\,\Lambda_U + (1-p) \times B_{OU}\,\Lambda_U S_{UU}\,\Lambda_S\,S_{UU}\,\Lambda_S]_{\alpha j}$$

$$= p \times (B_{OU}\,\Lambda_U A_{UO}\,\Lambda_O\,B_{OU}\,\Lambda_U)_{\alpha j} + (1-p) \times (B_{OU}\,\Lambda_U S_{UU}\,\Lambda_S\,S_{UU}\,\Lambda_S)_{\alpha j}$$

$$= p \times \sum_{i=1}^{n}[(B_{OU}\,\Lambda_U)_{\alpha i} \times (A_{UO}\Lambda_O\,B_{OU}\,\Lambda_U)_{ij} + (1-p) \times \sum_{i=1}^{n}[(B_{OU}\,\Lambda_U)_{\alpha i} \times (S_{UU}\Lambda_S\,S_{UU}\,\Lambda_S)_{ij}]$$

$$= p \times \sum_{i=1}^{n}\left\{(B_{OU}\,\Lambda_U)_{\alpha i} \times \sum_{\beta=1}^{m}[(A_{UO}\Lambda_O)_{i\beta} \times (B_{OU}\,\Lambda_U)_{\beta j}]\right\} + (1-p) \times \sum_{i=1}^{n}\left\{(B_{OU}\,\Lambda_U)_{\alpha i} \times \sum_{l=1}^{n}\begin{bmatrix}(S_{UU}\Lambda_S)_{il} \times \\ (S_{UU}\,\Lambda_S)_{lj}\end{bmatrix}\right\}$$

$$= p \times \sum_{i=1}^{n}\left[\frac{\alpha_{\alpha i}}{k_i} \times (\sum_{\beta=1}^{m}\frac{\alpha_{i\beta}}{k_\beta} \times \frac{\alpha_{\beta j}}{k_j})\right] + (1-p) \times \sum_{i=1}^{n}\left[\frac{\alpha_{\alpha i}}{k_i} \times (\sum_{l=1}^{n}\frac{s_{il}}{K_l} \times \frac{s_{lj}}{K_j})\right]$$

$$= p \times \sum_{i=1}^{n}\sum_{\beta=1}^{m}(\frac{\alpha_{\alpha i}}{k_i} \times \frac{\alpha_{i\beta}}{k_\beta} \times \frac{\alpha_{\beta j}}{k_j}) + (1-p) \times \sum_{i=1}^{n}\sum_{l=1}^{n}(\frac{\alpha_{\alpha i}}{k_i} \times \frac{s_{il}}{K_l} \times \frac{s_{lj}}{K_j})$$

$$= p \times \sum_{i=1}^{n}\sum_{\beta=1}^{m}(\frac{\alpha_{\alpha i}}{k_i} \times \frac{\alpha_{i\beta}}{k_\beta} \times \frac{\alpha_{\beta j}}{k_j}) + (1-p) \times \sum_{i=1}^{n}\sum_{l=1}^{n}(\frac{\alpha_{\alpha i}}{k_i} \times \frac{s_{il}}{K_l} \times \frac{s_{lj}}{K_j})$$

$$= p \times \sum_{i=1}^{n} \sum_{\beta=1}^{m} \left(\frac{\alpha_{\alpha i} \, \alpha_{i\beta} \, \alpha_{\beta j}}{k_i \, k_\beta \, k_j} \right) + (1-p) \times \sum_{i=1}^{n} \sum_{l=1}^{n} \left(\frac{\alpha_{\alpha i} \, s_{il} \, s_{lj}}{k_i \, K_l \, K_j} \right)$$

$$= p \times \sum_{i=1}^{n} \sum_{\beta=1}^{m} \left(\frac{\alpha_{i\alpha} \, \alpha_{i\beta} \, \alpha_{\beta j}}{k_i \, k_\beta \, k_j} \right) + (1-p) \times \sum_{i=1}^{n} \sum_{l=1}^{n} \left(\frac{\alpha_{i\alpha} \, s_{il} \, s_{lj}}{k_i \, K_l \, K_j} \right) \quad (10.7)$$

由式 10.7 可见，$p = 1$ 时将不会有资源在社交网络中传输，而传输的第二步是在用户 – item 二部图中目标用户将 1 个单位的物质在他/她所选择的 item 之间进行平均分配，这相当于 MD 算法中的初始化阶段，然后 item 将所得到的资源平均分配给选择过它的所有用户，最终资源由用户平均分配给他们所选择的 item。因此，当 $p = 1$ 时我们的算法将退化为 MD 算法，在后续的算法比较和分析中，参数 $p = 1$ 所对应的指标值即为 MD 算法所得到的指标值。

根据以上算法描述，给出算法 SocMD 的伪代码描述如下：

算法 10.1 SocMD

输入：二部图邻接矩阵 A_{UO} ，社交网络邻接矩阵 S_{UU} ，目标用户 k ，参数 p ；

输出：用户 i 的推荐列表 L_i 。

① $B_{OU} = A_{UO}^{T}$ ；

②构造对角矩阵 Λ_U 、Λ_O 、Λ_S ；

③ $W^{SocMD} = p \times B_{OU} \Lambda_U A_{UO} \Lambda_O B_{OU} \Lambda_U + (1-p) \times B_{OU} \Lambda_U S_{UU} \Lambda_S S_{UU} \Lambda_S$ ；

④for each $i \in U$ do

⑤　if $i = k$ then

⑥　　$g_i = 1$ ；

⑦　else

⑧　　$g_i = 0$ ；

⑨　end if

⑩end for

⑪ $\overrightarrow{g'} = W^{SocMD}\overrightarrow{g}$ ；

⑫ $RL = \varphi$ ；

⑬for each $\alpha \in O$ do

⑭   if $\alpha_{i\alpha} = 0$ then

⑮   将 item α 加入集合 RL；

⑯   end if

⑰end for

⑱ $L_i \longleftarrow \{$按照 $\overrightarrow{g'}$ 降序排列的 $RL\}$ 。

算法 10.1 主要包括三个阶段：阶段 1   完成扩散状态转移矩阵 W^{SocMD} 的初始化，对应行①～③；阶段 2   完成 SocMD 算法的物质扩散过程，对应行④～⑪；阶段 3   依据 item 拥有的物质量形成目标用户的推荐列表，对应行⑫～⑱。

我们用图 10.1 所示的一个例子简单说明 SocMD 算法的整个推荐过程。为了更形象地说明推荐过程中物质的扩散路径，我们将社交网络展开成二部图的形式，每个阶段图中左边是社交网络二部图，右边是用户–item 二部图，图中小人、方框、连线的含义与图 9.1 相同。

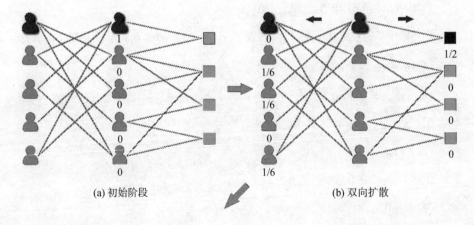

(a) 初始阶段   (b) 双向扩散

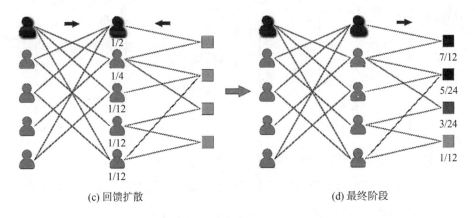

(c) 回馈扩散　　　　　　　　　　　　　(d) 最终阶段

图 10.1　SocMD 算法推荐过程示意图

在图 10.1 所示的物质扩散过程中，参数 p 的取值为 $1/2$，也就是说有一半的物质只在用户 – item 二部图中进行扩散，而另一半物质则先在社交网络中进行重分配最终扩散至用户选择的 item。我们不妨从目标用户开始由上至下分别编号为 1、2、3、4、5；item 由上至下分别编号为 1、2、3、4。由图 10.1 的网络结构容易得到二部图的邻接矩阵 A_{UO}、社交网络的邻接矩阵 S_{UU}、矩阵 A_{UO} 的转置矩阵 B_{OU} 分别为：

$$A_{UO} = \begin{bmatrix} 1\,0\,0\,0 \\ 1\,1\,1\,0 \\ 0\,1\,0\,0 \\ 0\,0\,1\,1 \\ 0\,1\,0\,1 \end{bmatrix} \quad S_{UU} = \begin{bmatrix} 0\,1\,1\,0\,1 \\ 1\,0\,0\,1\,0 \\ 1\,0\,0\,0\,1 \\ 0\,1\,0\,0\,0 \\ 1\,0\,1\,0\,0 \end{bmatrix} \quad B_{OU} = \begin{bmatrix} 1\,1\,0\,0\,0 \\ 0\,1\,1\,0\,1 \\ 0\,1\,0\,1\,0 \\ 0\,0\,0\,1\,1 \end{bmatrix}$$

基于矩阵 A_{UO} 和 S_{UU} 可以分别构造与用户度 k_i 相关的对角矩阵 Λ_U、与 item 度 k_α 相关的对角矩阵 Λ_O、与用户社会度 K_i 相关的对角矩阵 Λ_s：

$$\Lambda_U = \begin{bmatrix} 1 & & & & \\ & 1/3 & & & \\ & & 1 & & \\ & & & 1/2 & \\ & & & & 1/2 \end{bmatrix} \quad \Lambda_O = \begin{bmatrix} 1/2 & & & \\ & 1/3 & & \\ & & 1/2 & \\ & & & 1/2 \end{bmatrix} \quad \Lambda_S = \begin{bmatrix} 1/3 & & & & \\ & 1/2 & & & \\ & & 1/2 & & \\ & & & 1 & \\ & & & & 1/2 \end{bmatrix}$$

图 10.1 所示的扩散过程共分为如下四步：

步骤 1　为目标用户分配 1 个单位的物质，其他用户的物质量为 0，得到用户端的 5 维初始物质向量 $\vec{g} = (1,0,0,0,0)^T$。

步骤 2　用户拥有的初始物质同时向两个方向扩散：a. 通过二部图将 1/2 部分物质平均分配给他/她选择的 item，得到所有 item 的物质向量：

$$\vec{h_o} = p \times B_{OU} \Lambda_U \vec{g} = \frac{1}{2} \begin{bmatrix} 1 & 1 & 0 & 0 & 0 \\ 0 & 1 & 1 & 0 & 1 \\ 0 & 1 & 0 & 1 & 0 \\ 0 & 0 & 0 & 1 & 1 \end{bmatrix} \begin{bmatrix} 1 & & & & \\ & 1/3 & & & \\ & & 1 & & \\ & & & 1/2 & \\ & & & & 1/2 \end{bmatrix} \begin{bmatrix} 1 \\ 0 \\ 0 \\ 0 \\ 0 \end{bmatrix} = \begin{bmatrix} 1/2 \\ 0 \\ 0 \\ 0 \end{bmatrix}$$

b. 通过社交网络将 (1 − 1/2) 部分物质平均分配给他/她的好友，得到用户端的物质向量：

$$\vec{h_U} = (1 - p) \times S_{UU} \Lambda_S \vec{g} = \frac{1}{2} \begin{bmatrix} 0 & 1 & 1 & 0 & 1 \\ 1 & 0 & 0 & 1 & 0 \\ 1 & 0 & 0 & 0 & 1 \\ 0 & 1 & 0 & 0 & 0 \\ 1 & 0 & 1 & 0 & 0 \end{bmatrix} \begin{bmatrix} 1/3 & & & & \\ & 1/2 & & & \\ & & 1/2 & & \\ & & & 1 & \\ & & & & 1/2 \end{bmatrix} \begin{bmatrix} 1 \\ 0 \\ 0 \\ 0 \\ 0 \end{bmatrix} = \begin{bmatrix} 0 \\ 1/6 \\ 1/6 \\ 0 \\ 1/6 \end{bmatrix}$$

步骤 3　该阶段用户端的物质向量来自两个方向：a. 用户将资源平均分配给他/她的社交好友，得到用户端的物质向量：

$$\overrightarrow{f_{U,friends}} = S_{UU}\,\Lambda_S\,\overrightarrow{h_U} = \begin{bmatrix} 0 & 1 & 1 & 0 & 1 \\ 1 & 0 & 0 & 1 & 0 \\ 1 & 0 & 0 & 0 & 1 \\ 0 & 1 & 0 & 0 & 0 \\ 1 & 0 & 1 & 0 & 0 \end{bmatrix} \begin{bmatrix} 1/3 \\ & 1/2 \\ & & 1/2 \\ & & & 1 \\ & & & & 1/2 \end{bmatrix} \begin{bmatrix} 0 \\ 1/6 \\ 1/6 \\ 0 \\ 1/6 \end{bmatrix} = \begin{bmatrix} 1/4 \\ 0 \\ 1/12 \\ 1/12 \\ 1/12 \end{bmatrix}$$

b. item 将物质平均分配给选择过它的用户，得到用户端的物质向量：

$$\overrightarrow{f_{U,items}} = A_{UO}\,\Lambda_O\,\overrightarrow{h_O} = \begin{bmatrix} 1 & 0 & 0 & 0 \\ 1 & 1 & 1 & 0 \\ 0 & 1 & 0 & 0 \\ 0 & 0 & 1 & 1 \\ 0 & 1 & 0 & 1 \end{bmatrix} \begin{bmatrix} 1/2 \\ & 1/3 \\ & & 1/2 \\ & & & 1/2 \end{bmatrix} \begin{bmatrix} 1/2 \\ 0 \\ 0 \\ 0 \end{bmatrix} = \begin{bmatrix} 1/4 \\ 1/4 \\ 0 \\ 0 \\ 0 \end{bmatrix}$$

该阶段结束后，用户端的物质向量为：

$$\overrightarrow{f_U} = \overrightarrow{f_{U,items}} + \overrightarrow{f_{U,friends}} = \begin{bmatrix} 1/2 \\ 1/4 \\ 1/12 \\ 1/12 \\ 1/12 \end{bmatrix}$$

步骤4 用户将拥有的所有资源平均分配给他/她选择过的 item，得到 item 的最终物质向量：

$$\overrightarrow{g'} = B_{OU}\,\Lambda_U\,\overrightarrow{f_U} = \begin{bmatrix} 1 & 1 & 0 & 0 & 0 \\ 0 & 1 & 1 & 0 & 1 \\ 0 & 1 & 0 & 1 & 0 \\ 0 & 0 & 0 & 1 & 1 \end{bmatrix} \begin{bmatrix} 1 \\ & 1/3 \\ & & 1 \\ & & & 1/2 \\ & & & & 1/2 \end{bmatrix} \begin{bmatrix} 1/2 \\ 1/4 \\ 1/12 \\ 1/12 \\ 1/12 \end{bmatrix} = \begin{bmatrix} 7/12 \\ 5/24 \\ 3/24 \\ 1/12 \end{bmatrix}$$

当整个扩散过程结束后，推荐系统根据 item 所拥有的物质量大小将目标用户未选择过的 item 进行排序并形成推荐列表。在图 10.1 这个简单的示意图中我们可以看到，物质在社交网络中被传输了两次后，来自目标用户那 1 个单位的物质不仅到达了目标用户的朋友，而且目标用户的二阶朋友也拥有了一定数量的物质，最终这些物质在用户－item 二部图中被传输到了用户选择过的 item。因此，SocMD 算法的扩散过程不仅建立在目标用户的朋友关系上，而且还利用了朋友间的信任传递关系。

第二节　实验研究

一、实验设置

我们利用 Friendfeed 和 Epinions 数据集评估 SocMD 算法的推荐性能，首先将两个数据集中用户－item 二部图的边随机地划分出 10% 作为测试集，剩下的 90% 作为训练集，随机抽样 10 次得到 10 个样本。在应用 SocMD 算法时，我们将参数 p 设置为 0、0.2、0.4、0.6、0.8、1，然后计算 SocMD 算法的 RS 值，在 RS 值达到最优时对应的参数 p 附近取一个小区间再进行细分，然后继续运行 SocMD 算法，分别计算每个样本每个 p 值对应的排序分、准确率、召回率、用户间多样性、用户内多样性、覆盖率、新颖性和拥塞率指标值，再依据 p 值进行分组汇总得到每个指标的平均值。然后从以下三个角度全面评估 SocMD 算法的推荐效率：（1）考虑 Friendfeed（Epinions）数据集的全部用户；（2）只考虑 Friendfeed（Epinions）数据集中满足 $k_i \leqslant 5(k_i \leqslant 13)$ 的用户，这部分用户分别占 Friendfeed 和 Epinions 数据集总用户数的 33.44% 和 21.69%；（3）只考虑 Friendfeed（Epinions）数据集中满足 $k_i \geqslant 28(k_i \geqslant 52)$ 的用户，这部分用户分别占 Friendfeed 和 Epinions 数据集总用户数的 20.95% 和 20.49%。为了方便说明 SocMD 算法针对不同类型用户的推荐性能，我们将 Friendfeed（Epinions）数据集中满足 $k_i \leqslant 5(k_i \leqslant 13)$ 的用户称为不活跃用户，满足 $k_i \geqslant 28(k_i \geqslant 52)$ 的用户称为活跃用户。

二、结果比较

为了比较算法之间的性能差异，本文选取以下算法进行比较。

· MD：物质扩散算法（详见第九章第一节）。

· HC：热传导算法（详见第九章第二节）。

· HHP：物质扩散与热传导的混合算法（详见第九章第三节）。

· SMD：融合社交网络信息的物质扩散推荐算法（详见第九章第四节）。

为了研究社交网络信息帮助推荐系统提高其性能，我们比较 SocMD 和 MD 在两个实际数据集（Friendfeed 和 Epinions）上获得的推荐结果，利用排序分（RS）来度量推荐算法的推荐精度，较低的 RS 意味着更高的推荐精度。算法 SocMD 和 MD 在 Friendfeed 和 Epinions 数据集上得到的 RS 值如图 10.2 所示。图中的虚线表示 SocMD 算法在 RS 值最小时对应参数 p 的值，$p = 1$ 对应的 RS 值即为 MD 算法的推荐排序分，以下不再赘述。

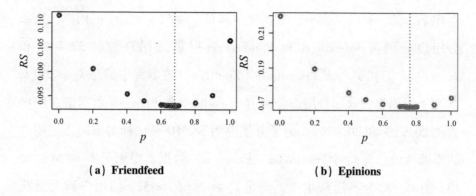

（a）Friendfeed   （b）Epinions

图10.2   算法 SocMD 与 MD 的排序分比较

由图 10.2（a）可以看到，SocMD 算法在数据集 Friendfeed 上的 RS 指标在 $p = 0.68$ 处达到最小值 0.09292795，而 MD 算法的 RS 指标值为 0.106424，由此可知 SocMD 算法较 MD 在排序分方面提高了 12.68%。由图 10.2（b）可见，SocMD 算法在 Epinions 数据集上的 RS 指标最优值 0.167915966 对应的参数值为 $p = 0.76$，MD 算法获得的 RS 值为 0.173093141，据此可计算得到 SocMD 算法就排序分来说较 MD 算法提高了 2.99%。

就排序分而言，我们发现 SocMD 算法对于 MD 算法的改进率在两个数据集上不太一致，SocMD 算法在 Friendfeed 数据集上表现比在 Epinions 上要好得多，这主要可以分别从两个数据集中用户 – item 二部图和社交网络两个层面进行解释：（1）从两个数据集的用户 – item 二部图中用户的平均度、稀疏度和度分布来看。在 Friendfeed 数据集中，用户的平均度 $< k_i >$ 为 23，而 Epinions 中该值则为 37，由此可知 Friendfeed 数据集中的用户平均选择的 item 数较 Epinions 少了 50% 以上，因此，Friendfeed 数据集较 Epinions 的用户 – item 二部图要稀疏得多。实际上，Friendfeed 数据集中的用户 – item 二部图稀疏度为 4 ×

10^{-3}，而在 Epinions 中该值为 5×10^{-3}。另外，在 Friendfeed 数据集的用户 – item 二部图中存在大量只选择了极少数 item 的用户，例如选择了不超过 7 个 item 的用户占 Friendfeed 数据集总用户数的 44.46%，将近一半的用户只选择过很少的几个 item，而在 Epinions 中该比例为 3.23%。（2）通过分析对比两个数据集社交网络统计特征，我们发现 Friendfeed 和 Epinions 数据集的社会平均度 $< k_i >$ 分别为 128 和 82，也就是说 Friendfeed 中的用户平均好友数超出 Epinions 用户平均好友数的 50% 以上。另外，Friendfeed 和 Epinions 数据集的社交网络稀疏度分别为 3×10^{-3} 和 2×10^{-3}，由此可知，Friendfeed 数据集拥有一个较 Epinions 数据集更稠密的社交网络。

综上所述，就 Friendfeed 和 Epinions 数据集比较而言，Friendfeed 拥有相对稀疏的用户 – item 二部图和相对稠密的社交网络。用户 – item 二部图相对稀疏，那么可供推荐系统利用的用户历史选择信息就更少，社交网络越稠密，则 SocMD 算法可利用的社会网络信息就越多。因此我们看到 SocMD 较 MD 算法在 Friendfeed 数据集上推荐排序分要高得多。另外，对于用户只选择了极少量 item 的数据稀疏性问题，社交信息的引入可以大幅提高推荐系统的效率，这也是 SocMD 算法极佳的应用场景。

在用户选择过的 item 很少的情况下，可供推荐算法利用的历史信息自然有限，而将社交网络信息引入并融合到推荐算法中无疑能够使推荐系统更好地为这部分用户服务。为了进一步说明 SocMD 算法在提高不活跃用户推荐精度方面的优势，我们分别计算 Friendfeed（Epinions）数据集每个目标用户对应 SocMD 算法参数 $p = 0.68$（$p = 0.76$）和 $p = 1$（$p = 1$）的 RS 值，然后按照用户的度 k_i 进行分组汇总求平均值。需要注意的是，SocMD 算法的 RS 最优值对应的参数在 Friendfeed 和 Epinions 数据集上分别是 $p = 0.68$ 和 $p = 0.76$，而在参数 $p = 1$ 时 SocMD 算法退化为 MD 算法。我们在 Friendfeed（Epinions）数据集上观察到同样的现象，只要用户的度满足 $k_i \leqslant 35$，SocMD 算法的 RS 值就比 MD 算法更小，具体趋势见图 10.3（a）。

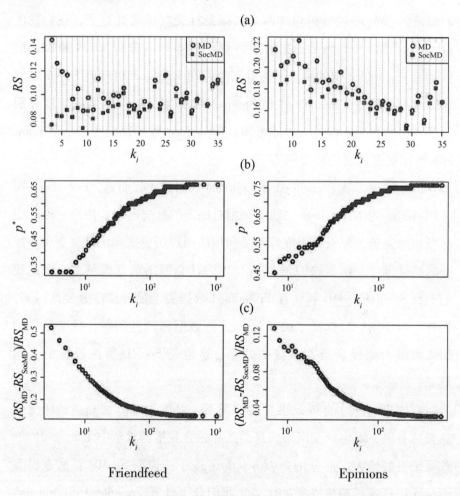

图 10.3　算法 SocMD 的最优 RS 值及其参数 p 与 k_i 之间的关系

我们分别计算 SocMD 算法在不同用户度 k_i 下 RS 最优值对应的参数

值 p^* ，我们发现如图 10.3（b）所示的有趣现象：度越小的用户 RS 最优值对应的参数值 p^* 越小。换句话说，用户曾经选择过的 item 越少，在应用 SocMD 算法时仅在用户 – item 二部图中传输的物质就越少，那么需要经过社交网络进行扩散的物质也就越多，这充分说明了在为这类用户进行推荐时社交网络信息的重要性。

由图 10.3（c）可以看到度越小的用户其推荐准确度的提升越明显。拿 Friendfeed（Epinions）数据集上度为 3（7）的用户来说，SocMD 算法的 RS 值较 MD 算法提高了 52.24%（13.82%）。

除排序分外，我们还利用准确率（P）和召回率（R）等评价指标对 SocMD 算法与 MD、HC、HHP 和 SMD 算法进行了比较，其中推荐列表长度均设置为 20，推荐算法性能比较结果见表 10.1，表中 P（20）表示推荐列表长度为 20 时的准确率评价指标值，其余指标不再赘述，每行中字体加粗的值是对应指标在五个算法中的最优值。

表 10.1 SocMD、MD、HC、HHP 和 SMD 算法的推荐性能比较

Friendfeed	MD	HC	HHP ($\lambda^* = 0.67$)	SMD ($p^* = 0.71$)	SocMD ($p^* = 0.68$)
RS	0.1064	0.1219	0.1048	0.0948	**0.0929**
P（20）	0.0200	0.0120	**0.0209**	0.0190	0.0189
R（20）	0.1404	0.0831	0.1397	0.1395	**0.1405**
Epinions	MD	HC	HHP ($\lambda^* = 0.51$)	SMD ($p^* = 0.77$)	SocMD ($p^* = 0.76$)
RS	0.1731	0.2179	**0.1642**	0.1696	0.1679
P（20）	0.0208	0.0075	**0.0252**	0.0196	0.0199
R（20）	0.1039	0.0340	**0.1200**	0.0996	0.1013

由表 10.1 可见，SocMD 算法在 Friendfeed 数据集上的 *RS* 值较 MD、HC、HHP 和 SMD 都小，而 R 值 SocMD 算法较其他算法都大，说明该推荐算法的排序分和召回率最优。MD 算法具有较高的推荐准确率而 HC 算法拥有很好的推荐多样性，HHP 算法通过一个调节参数 λ 将二者巧妙地结合起来，将推荐精度 – 多样性悖论维持在一个巧妙的平衡点，在提高推荐精度的同时使得推荐多样性、覆盖率少有损耗。表 10.1 所示的 MD、HC、HHP 和 SocMD 算法在 Epinions 数据集上的表现可以较好地体现这一点。

三、针对不活跃用户的推荐性能评价

在实际网络中，庞大的用户数和巨量的 item 导致大多数网络都是非常稀疏的，在用户 – item 二部图中存在大量只选择过极少数 item 的用户。由于可供利用的用户历史信息量有限，传统的推荐算法通常很难为这些不活跃用户提供准确度较高的推荐结果。因此，提高不活跃用户的推荐准确度对于推荐算法尤其有意义，精准的推荐可以大幅提高用户对网站的忠诚度，使网站更具黏性。

本节我们聚焦不活跃用户，评估 SocMD 算法在 Friendfeed 和 Epinions 数据集上针对不活跃用户的推荐性能。为此，在 Friendfeed 数据集上计算 SocMD 算法的各项评价指标值时，我们考虑度小于 5 （ $k_i \leqslant 5$ ）的目标用户然后对各项评价指标值进行分组汇总求平均值；在 Epinions 数据集上只计算度小于 13 （ $k_i \leqslant 13$ ）的用户对应的各项指标值然后再按照 p 值进行分组汇总求平均值。SocMD 算法获得的各项指标值与参数 p 的对应关系如图 10.4 所示。

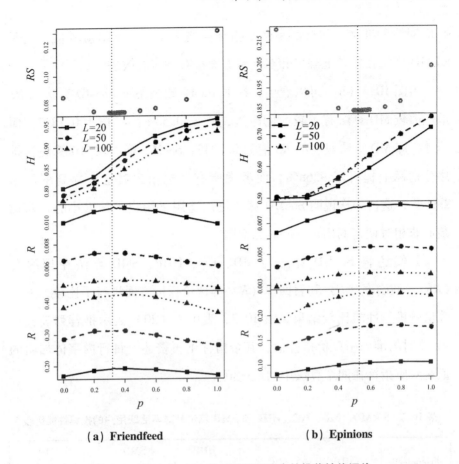

（a）Friendfeed   （b）Epinions

图10.4 算法 SocMD 针对不活跃用户的推荐性能评价

图 10.4 中由上往下贯穿的虚线表示 SocMD 算法的 RS 最优值对应的参数值 p^*，在 Friendfeed（Epinions）数据集上该值为 $p^* = 0.32$（$p^* = 0.53$），图中 $L = 20/50/100$ 分别表示推荐列表长度为 20、50 和 100。

由图 10.4（a）可见，在 Friendfeed 数据集上参数 p 在区间 $[0,1]$ 上取任意值时，SocMD 算法的 RS 值都优于 MD 算法，而且较 MD 算法在 RS 评价指标上有非常明显的提升。事实上，$p^* = 0.32$ 对应 SocMD 算法的 RS 值为 0.07456。而 $p = 1$，即 MD 算法的 RS 值为 0.13121，容易得到 SocMD 算法在排序分方面较 MD 算法改进了 43.18%。另外，$p^* =$

0.32 对应的准确度和召回率两个指标值均大于 $p = 1$ 对应的值，说明 SocMD 算法在推荐准确率和召回率方面也有一定的改进。

由图 10.4（b）可以看出，在 Epinions 数据集上 SocMD 算法的 RS 最优值较 MD 算法有了较大的改进，$p^* = 0.53$ 时 RS 值为 0.1847，而 $p = 1$，即 MD 算法对应的 RS 值为 0.2045，SocMD 算法较 MD 算法在排序分指标上提升了 9.68%，而考虑所有目标用户时这一提高率仅为 2.99%，这再一次说明 SocMD 算法更加适用于用户平均度小的相对稀疏而非相对稠密的用户 – item 二部图。

我们还将 SocMD 算法与 MD、HC、HHP、SMD 算法在排序分（RS）、准确率（P）和召回率（R）等评价指标方面进行了比较，五种算法的推荐性能比较结果见表 10.2，表中 P（20）表示推荐列表长度为 20 时的准确率评价指标值，其余指标不再赘述，每行内字体加粗的值是对应指标在四个算法中的最优值。

表 10.2　SocMD、MD、HC、HHP 和 SMD 算法针对不活跃用户的推荐性能比较

Friendfeed	MD	HC	HHP ($\lambda^* = 1$)	SMD ($p^* = 0.34$)	SocMD ($p^* = 0.32$)
RS	0.1312	0.1519	0.1312	0.0806	**0.0746**
P（20）	0.0097	0.0057	0.0097	0.0108	**0.0111**
R（20）	0.1702	0.1003	0.1702	0.1867	**0.1922**
Epinions	MD	HC	HHP ($\lambda^* = 0.67$)	SMD ($p^* = 0.48$)	SocMD ($p^* = 0.53$)
RS	0.2045	0.2515	0.2016	0.1866	**0.1847**
P（20）	0.0080	0.0025	**0.0089**	0.0075	0.0080
R（20）	0.1046	0.0321	**0.1149**	0.0962	0.1019

由表 10.2 可知，在 Friendfeed 数据集上 SocMD 算法的排序分、准

确率和召回率较其余三种算法皆有较大幅度的提高，其中 SocMD 算法的 RS 值较 MD、HC、HHP 和 SMD 算法的提高幅度分别为 43.14%、50.89%、43.14% 和 9.25%；SocMD 算法的准确率则较 MD、HC、HHP 和 SMD 算法分别改进了 14.43%、94.74%、14.43% 和 9.89%。而且我们发现，HHP 算法的 RS 最优值在 $\lambda^* = 1$ 处得到，这意味着只计算不活跃用户的 RS 值最优时，HHP 算法退化为了 MD 算法，因此在为不活跃用户推荐 item 时，HHP 算法较 MD 算法并没有什么优势。与之相反，SocMD 算法由于借助了额外的社交网络信息，其推荐精度较 MD 算法有了质的飞跃。就 Epinions 数据集而言，SocMD 算法较 MD、HC、HHP 和 SMD 算法在 RS 指标上都有一定程度的改进，其改进率分别为 9.68%、26.56%、8.38% 和 8.15%。

四、针对活跃用户的推荐性能评价

大多数推荐系统研究将推荐精度作为评价一个推荐算法好坏的唯一标准，而忽略了一个好的推荐算法理应具备的一些其他元素，例如推荐的多样性。对于活跃用户来说，推荐的准确与否也许已经不再是他们关心的主要问题，他们更愿意尝试一些潜在流行的新鲜事物，因此为他们推荐异于其他用户、异于曾经选择过的 item 往往更能激发他们的潜在兴趣。

本节我们主要考虑 Friendfeed 和 Epinions 数据集的活跃用户，评估 SocMD 算法为活跃用户提供多样性推荐的能力。我们选取 Friendfeed（Epinions）数据集中满足 $k_i \geq 28$（$k_i \geq 52$）的用户进行考察，这部分用户在 Friendfeed 和 Epinions 数据集分别占总用户数的 20.95% 和 20.49%，在本节实验设置部分我们已声明将这部分用户称为活跃用户，只计算这部分用户对应的各项指标值并按照参数 p 进行分组汇总求平均值。SocMD 算法的各评价指标值与参数 p 的对应关系如图 10.5 所示。

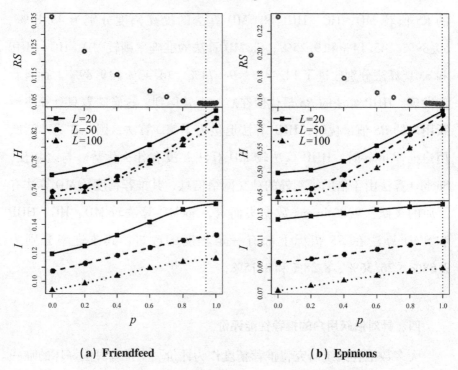

（a）Friendfeed　　　　　　　　（b）Epinions

图 10.5　算法 SocMD 针对活跃用户的推荐性能评价

图 10.5 中由上而下贯穿的虚线表示 SocMD 算法 RS 最优值对应的参数值 p^*，图中 L = 20/50/100 分别表示推荐列表长度为 20、50 和 100。由图 10.5 可见，SocMD 算法在 Friendfeed 和 Epinions 数据集上的 RS 较 MD 算法的改进已经微乎其微，在这两个数据集上 RS 的最优值对应的参数值分别为 p = 0.94 和 p = 1。就 RS 最优值而言，SocMD 算法已经基本上退化为传统的 MD 算法。然而，由图 10.5 可以发现一个趋势：用户内多样性（I）指标的值是单调递增的，即该指标值随着参数 p 的增加而增加，而 I 值越大则表示用户内多样性越差。事实上，在 Friendfeed 数据集上，当推荐列表长度为 20 时，p = 0.94 对应的用户内

多样性值为 $I = 0.1541$，而 $p = 1$ 对应的值为 $I = 0.1546$，SocMD 较 MD 算法的推荐多样性改进了 0.32%。然而，当推荐列表长度为 20 时，在 $p = 0$ 处，$I = 0.1194$。由此可得 SocMD 较 MD 算法的推荐多样性提升了 22.77%。

对于 Epinions 数据集，当推荐列表长度为 20，$p = 0$ 时，SocMD 较 MD 算法的推荐多样性有着 8.39% 的提升幅度。上述结果表明，在考虑推荐算法针对活跃用户的推荐性能时，通过社交网络重新分配的资源越多，推荐给活跃用户的 item 越多样化。

第三节 本章小结

本章提出了一种考虑用户间信任关系传递的物质扩散推荐算法 SocMD,该算法利用物质扩散过程将社交网络信息有机地融入推荐过程之中，资源从目标用户分别在社交网络和用户 - item 二部图中传输两次，最终将用户拥有的资源分配给他们选择的 item，这个过程不仅利用了目标用户直接好友的用户 - item 选择信息，而且借助了目标用户的二阶好友的用户 - item 选择信息。实验结果表明，SocMD 算法不仅能够提高不活跃用户的推荐精度，而且能够改善活跃用户的推荐多样性。

第十一章

"低频、高代价"O2O服务可信推荐
模型设计

第一节 "低频、高代价"O2O服务特点

随着移动互联网、大数据、人工智能等技术的快速发展，人们的生活方式发生了重大变化，人们已逐渐习惯了利用手机随时随地预定各种服务，享受科技带来的便利。O2O服务是信息时代的产物，将线下店铺资源整合到互联网上，让互联网成为线下交易的前台，大大方便了人民的生活，常见的O2O服务如外卖、出行、订票等随处可见。此类服务通常频率高、单价低，与人们的生活息息相关，用户黏性较高，日服务量较大，用户评价数量较多，服务商信息相对较为透明、完整，服务质量对用户生活影响较小。随着消费升级和人们对生活质量要求的提高，一些复杂的高端服务也逐渐搬到了线上，并且趋势越来越明显。例如研究生报考咨询、家装、婚恋以及养老服务等。这些服务通常频率低（一辈子只有一次或少数几次）、代价高（不仅单价高，而且一旦选错对消费者财产、人身安全或长远发展有重大负面影响）、时间长（服务过程复杂，涉及多个环节，持续时间长）、约束多（不是简单的价高者得，对消费者自身以及环境有一定要求）。当前，此类服务提供者众多，但质量良莠不齐，还没有形成统一的服务标准，由于信息不对称以

及专业知识的缺失，消费者难以准确选择合适的服务商，因选择失误导致的恶性事件时有发生。如何利用技术手段为消费者智能推荐此类服务商，规避风险，具有很强的理论价值和现实意义。

"低频、高代价"O2O服务通常具有以下特点：

（1）专业服务，需要一定的领域相关知识，存在信息不对称。在享受服务之前，消费者往往对服务流程或标准不是很清楚，由于专业知识的缺失，难以准确地描述出自己的需求；服务提供者对于消费者的了解也仅限于有限的沟通、交流或基本信息调查，难以准确把握消费者的真实需求。

（2）链式服务，服务可分为多个阶段或环节，服务持续时间较长。服务过程较为复杂，通常可分为两种情况：一种是由单个服务者完成的包含多个环节的服务，例如房屋中介、导师指导学生等；另一种是由多个服务者紧密合作完成的包含多个子服务的整体，每个子服务都有专门的服务提供者，整个服务过程一环扣一环，例如婚庆、家装等。

（3）服务的评价是一个多阶段、多维度的复杂过程。服务不仅有总结性评价还要有过程性评价，对于服务过程中的每一个阶段，都需要从不同维度进行评价，这样才能客观、全面地评价整个服务。同时需要参考双方的评价，避免某一方的恶意评价。

（4）服务质量受服务双方的影响。服务过程中需要服务双方深度合作，共同配合，服务质量不仅和服务提供者的业务能力有关，还和服务消费者的配合程度有关，如消费者是否按照服务提供者的要求准备和执行等。

（5）服务的达成受诸多条件限制，一旦选择，取消成本高。低频不仅是指消费者购买服务的频率低，同时服务者提供服务的频率也比较低。例如：导师同期所能指导的学生数量有限，医生一天内能够接诊的病人有限等。服务方提供服务时，通常是针对消费者的个性化定制服务，消费者在选择某一服务方时，往往意味着放弃其他服务方，存在一定的机会成本和时间成本。

随着教育、医疗和养老等服务的不断升级，此类复杂服务选择场景将会越来越多。以考研选择为例，是典型的"低频、高代价"服务，一生只有一次或少数几次，一旦选定院校、导师就难以更换，如果选错将直接影响学生未来的发展。研究生选导师时存在严重的信息不对称，很多学生在选导师时，对导师的性格、研究方向、指导方式和读研要求等都不太了解，甚至不知道从何处获取导师的这些信息，缺少公开的信息平台；导师对学生的了解，仅限于报考时的基本信息、初试成绩、复试表现等表面现象，并没有深入了解学生的专业能力、考研动机和读研期望等，在选择时处于被动地位。研究生最终的培养质量，除了和导师指导有关，更重要的是学生自身积极投入和努力按照导师要求执行。此外，选择时还需考虑自己的能力水平，以及导师所能指导的学生数，其他考生的可能报考情况等，报考时只能选择一个学校，报考环节将直接影响后面的环节。虽然大多院校都实行双向选择机制，但因信息不对称及部分政策因素约束，仍存在较多错配现象。因错配导致师生关系不佳，影响培养质量，甚至产生严重负面影响，如学术不端、师德不正等，引起了社会的广泛关注。如何有效选择可靠的服务提供者，规避风险是亟待解决的问题。

第二节 "低频、高代价" O2O 服务推荐面临的困难

推荐系统作为一种主动挖掘用户兴趣偏好、缓解信息过载的技术，

既能为用户提供个性化建议，又能帮助商家提升销售额和客户黏着度，得到了广泛应用。当前研究和应用最多的是协同过滤推荐算法，其基本思想是通过用户的历史交易数据来查找相似邻居，然后根据相似邻居喜欢的商品来预测该目标用户喜欢的商品。协同过滤算法在新闻、电影、音乐、图书等"高频、低价"服务推荐中取得了较好效果，但无法直接满足"低频、高代价"O2O 服务的特征需求，主要面临的困难如下：

（1）频率低带来的用户冷启动问题。由于频率低，消费者几乎没有历史交易数据，无法根据历史信息查找相似邻居，是典型的用户冷启动问题，需要借助其他辅助信息来解决，例如消费者的画像、社交关系网络、服务提供者的画像等。然而当前并不存在公开的、系统的关于服务双方的信息平台，但存在一些独立的、公开的数据，如何融合多源异构数据，构建适合"低频、高代价"O2O 服务的数据集是首先要解决的难题。

（2）代价高引发的推荐可解释性问题。由于代价高，消费者选择时更加谨慎，涉及推荐结果是否可信的问题，研究表明，推荐结果可解释能增强用户的信任度和接受度，此外，相对于偏好相似的陌生人的推荐，用户更倾向于相信熟人的推荐，推荐的可解释性一直是研究的难点，如何根据已有数据构建社交网络，度量社交网络中好友间的信任度是面临的另一难题。

（3）时间长促使的多维度评价问题。由于时间长，消费者不仅关注最后的结果，更加注重服务过程的体验，涉及服务的评价问题，多维度评价相对于单维度评价，更能反映服务的真实情况，评价更可信，更能够被接受，此外，对于不同消费者来说，关注的评价维度侧重点会有所不同。如何根据用户需求个性化地整合多维度评价信息是研究的难点。

（4）约束多带来的上下文动态建模问题。由于约束多，在推荐的过程中要充分考虑上下文信息，例如消费者自身需求、服务商能提供的服务数量、服务时间以及竞争者人数等，此外，约束条件处于动态变化中，推荐算法应能自适应变化。如何建模动态变化的约束信息是研究的难题之一。

综上所述，为了构建合理有效的"低频、高代价"O2O服务的推荐框架，本文将消费者信息、服务商信息、消费者社交关系网络信息、服务商的历史评价信息等多源异构数据进行融合，从多个角度度量用户对服务商的信任，包括基于声望的信任、基于评价的信任、基于社交网络的信任等，尝试对上下文约束信息进行建模，构建基于多维评价的服务推荐模型，从而研究"低频、高代价"O2O服务的可信推荐方法。该推荐框架既可以解决用户冷启动和推荐可解释问题，又能满足不同上下文约束下消费者的个性化需求。

第三节　"低频、高代价"O2O服务可信推荐模型设计

本节以研究生选导师为例，简述"低频、高代价"O2O服务可信推荐模型。通过网络爬虫程序和半人工手段收集和整理来自多个不同网站上公开的数据，通过对历史研招数据进行清洗和整理，得到较为完整、规范的初始数据，挖掘出隐含的师生关系以及各种衍生关系，从而得到错综复杂的学缘关系网络，利用深度神经网络模型学习学缘关系网的表示；同时分析影响导师声誉的因素，构建导师声誉模型，量化各项指标，计算导师声誉值；最后设计融合学缘关系网和导师声誉值的个性化推荐算法。

一、"低频、高代价"O2O服务数据集构建

考生在选择考研院校或导师时，往往会参考历史研招数据，而当前尚且不存在一个权威的、统一的、公开的研招数据平台，但是存在一些独立的、关于某一方面的公开数据，这些数据主要来源于第三方权威网站，包含但不限于各学校官网、学位论文网、期刊网、导师评价网等。数据主要包括学位论文数据、国家课题立项数据、老师个人基本信息、老师科研成果数据、学生对老师的评价信息、院校信息、院校各专业近三年的复试分数线、复试名单、调剂名单、推免名单、录取名单等。主要采用网络爬虫和半人工相结合的方式收集，对于一些规则的网站数据通过程序爬取，对于一些特殊文件采用人工收集分类，再通过程序批处理来完成。

由于数据来源不同，各个网站公布的数据格式和信息量有较大差异，本章设计了一套合理、规范的流程进行歧义消除、查缺补漏。例如导师同名现象、一个导师在多个院校指导研究生、一个专业多个代码、老师更换院校、多个数据源同一数据不一致等等。对于这些特殊情况，采用半人工方式进行核实，同时在后期的产品应用中也会提供纠错和编辑功能，允许相关人员自己更新数据，系统做好记录和审核。为了确保数据的准确性和有效性，所有的数据来源和处理都保存记录，并且制定二级审核机制，由专门的数据管理员进行审核，并制定随机抽查机制。通过数据的挖掘和处理，最终构建了研招服务数据集，包含学生画像信息、导师画像信息、导师的评价信息、学缘关系信息等。

二、学缘关系网的构建与表示

学缘关系网是指因学习而产生的社会关系网络，例如师生关系、同学关系、校友关系、同门关系、同事关系等，大部分关系都可通过师生关系推断而来，因此仅考虑直接的师生关系。由于学缘关系具有扩展性，例如老师的老师、学生的学生等，从而形成一张错综复杂的社会关系网络。学缘关系网络示意图如图 11.1 所示。在学缘关系网中，节点有两种角色：学生或老师，部分节点既充当着学生又充当着老师的角色，例如图中的节点 2、3、5、7、8 等，每一个节点又包含丰富的属性信息，例如学校、专业、入学年份等，一般来说学生节点和老师节点的属性有所不同，但为了处理方便，在此将学生节点和老师节点的属性进行整合，这样所有节点包含的属性个数一致，对于没有的属性对应的值为空。通过属性信息可以推断出同学关系（同校、同专业、同入学年份）、校友关系（同校）等。学缘关系网中的连边表示直接的师生关系，是有方向的，由学生指向老师，例如图中节点 5 是节点 6 的老师。根据阶段不同，又细分为本科、硕士、博士阶段的师生关系，不同类型的师生关系对学生的影响有较大差异。例如节点 16 是节点 3 的硕士导师和博士导师。通过连边可以推断出同门关系（具有相同的导师）、同事关系（互为同学的导师之间的关系）等。

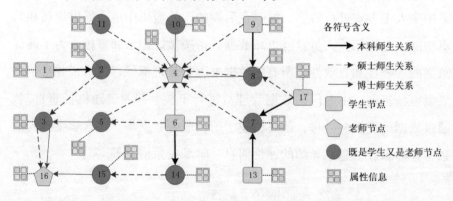

图 11.1　学缘关系网示意图

学缘关系主要从以下方面挖掘：①学位论文信息。学位论文中有明确的学生、导师、毕业年份等信息，可以得到较为直接的师生关系，但对于学生的本科院校来源不清楚，当前学位论文主要包含硕士论文和博士论文，并没有学士论文，所以难以挖掘本科期间的师生关系，但部分院校的学位论文中包含学生受教育经历，可以获取学生的本科院校以及专业信息。②老师的受教育经历信息。学校官网中关于老师的介绍中，往往包含受教育经历，可以对学缘关系进行一定的补充，同时还可从中获取一些本科院校信息。③部分院校会在官网中公布本校学生考取研究生的信息，从中也可以补充一些本科院校信息。

学缘关系网作为一种复杂的社会网络，不仅包含属性信息，而且包含多种类型的连边信息，如何方便、高效而又全面地表示网络信息是研究的重点。本文对学缘关系网的网络结构信息、节点属性信息、节点连边信息等分别进行浅层学习，然后将学习到的结果联合起来共同作为输入，通过深度神经网络提取学缘关系网的深层特征，最后对学习到的表示向量进行一定的条件约束，优化相应的损失函数，从而得到学缘关系网络的抽象表示。具体过程如图11.2所示。在浅层特征学习中采用不同的策略，例如矩阵分解、简单的神经网络等。通过实验对比不同策略的最终的效果。得到节点的抽象表示后，可以预测节点间形成连边的可能性，从而产生推荐列表。

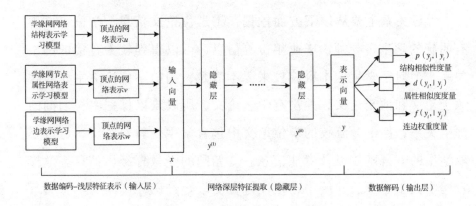

图 11.2　学缘关系网表示学习模型

三、导师声誉模型设计

导师的声誉受很多因素的影响，本章围绕研究生报考具体场景，从所在学校、导师的基本信息、导师的科研水平以及学生对导师的评价四个维度构建导师声誉模型。每个维度又细分为若干个指标，如图 11.3 所示。有些指标是可以精确量化的，例如科研水平，参考发表的论文数量、期刊的影响、课题的数量和课题的级别以及成果取得的时间等；有些指标是文本（例如职称、师生关系、实验室环境等）难以直接量化的。本文对导师声誉建模主要是为了后期进行个性化推荐，所以对绝对的声誉值要求不高，更倾向于相对大小的声誉值，方便根据导师声誉进行排序。因此，根据属性取值特点将属性划分为若干个等级或类别，然后将离散值转换成相应的数值。此外，不同考生对导师的关注点不同，最终计算导师声誉时，不同考生对这四个维度的权重取值会有所不同。

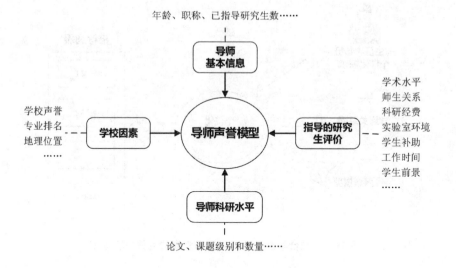

年龄、职称、已指导研究生数……

学术水平
师生关系
科研经费
实验室环境
学生补助
工作时间
学生前景
……

学校声誉
专业排名
地理位置
……

论文、课题级别和数量……

图 11.3 导师声誉模型图

四、融合学缘关系网和导师声誉的可信推荐模型设计

学缘关系和导师声誉对考生报考都有一定的影响。此外，每个考生因考研动机和需求不同，选择院校和导师的倾向和策略也有所不同，因此，在设计个性化推荐算法时需综合考虑这三方面信息。整体框架如图11.4 所示，首先根据考生的一些明确需求，例如地理位置、专业名称等，对招生单位进行预过滤得到候选集 A，然后根据考生填写的院校信息，获取考生拥有学缘关系的院校和导师，根据学缘关系的强弱进行排序，从候选集中找出超过阈值的院校和导师得到候选集 B，最后根据考生的偏好计算导师的声誉，然后根据导师声誉和学缘关系对候选集 B 中的院校和导师重新进行排序，最终得到推荐列表。

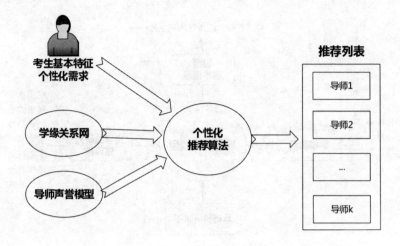

图 11.4　融合学缘关系网和导师声誉的可信推荐模型

第四节　本章小结

与"高频、低价"的 O2O 服务相比，"低频、高代价" O2O 服务因服务过程复杂、持续时间长等特性面临着更加复杂多变的挑战和不确定性。由于信息的不对称和历史经验数据的缺失，消费者在选择服务时充满着犹豫和不确定性。此时，消费者急需一个全面、可靠的商家信誉评价体系辅助其做抉择。本章以研究生选导师为例，以用户属性和偏好信息、社会关系网络及服务方的历史评价信息为基础，在融合多源异构数据基础上，抽取学缘关系网络，利用深度神经网络模型学习学缘关系网的表示，同时分析影响导师声誉的因素，构建导师声誉模型，量化各项指标，计算导师声誉值，最后设计融合学缘关系网和导师声誉值的个性化推荐算法，探索"低频、高代价" O2O 服务可信推荐方法。

参考文献

[1] KLEIST V F. A Transaction Cost Model of Electronic Trust: Transactional Return, Incentives for Network Security and Optimal Risk in the Digital Economy [J]. Electronic Commerce Research, 2004, 4 (2): 41–57.

[2] ZHANG L F, ZHANG F J. Does E–commerce Reputation Mechanism Matter? [J]. Procedia Engineering, 2011 (15): 4885–4889.

[3] ZHOU S D, FENG D, XU Y Y, et al. Influencing Factors of Credibility in C2C Ecommerce Web Sites [J]. International Workshop on Information and Electronics Engineering, 2012 (29): 509–513.

[4] LU Y B, ZHAO L, WANG B. From Virtual Community Members to C2C E–commerce Buyers: Trust in Virtual Communities and Its Effect on Consumers' Purchase Intention [J]. Electronic Commerce Research & Applications, 2010, 9 (4): 346–360.

[5] 鲁耀斌, 邓朝华, 章淑婷. 基于 Trust–TAM 的移动服务消费者采纳研究 [J]. 信息系统学报, 2007, 1 (1): 46–59.

[6] ZHANG J. The Roles of Players and Reputation: Evidence from eBay online auctions [J]. Decision Support Systems, 2006, 42 (3): 1800–1818.

[7] ZACHARIA G, MOUKAS A, MAES P. Collaborative Reputation Mechanisms for Electronic Marketplaces [J]. Decision Support Systems, 2000, 29 (4): 371 – 388.

[8] 刘树栋, 孟祥武. 基于位置的社会化网络推荐系统 [J]. 计算机学报, 2015, 38 (2): 322 – 336.

[9] ADOMAVICIUS G, TUZHILIN A. Towards the Next Generation of Recommender Systems: A Survey of the State – of – the – Art and Possible Extensions [J]. IEEE Transactions on Knowledge and Data Engineering, 2005, 17 (6): 734 – 749.

[10] 许海玲, 吴潇, 李晓东, 等. 互联网推荐系统比较研究 [J]. 软件学报, 2009, 20 (02): 350 – 362.

[11] LIU J X, TANG M D, ZHENG Z B, et al. Location – Aware and Personalized Collaborative Filtering for Web Service Recommendation [J]. IEEE Transactions on Services Computing, 2016, 9 (5): 686 – 699.

[12] 徐雅斌, 孙晓晨. 位置社交网络的个性化位置推荐 [J]. 北京邮电大学学报, 2015, 38 (5): 118 – 124.

[13] LIU S D, MENG X W. A Location – Based Business Information Recommendation Algorithm [J]. Mathematical Problems in Engineering, 2015 (4): 1 – 9.

[14] LI W M, YAO M K, ZHOU X K, et al. Recommendation of Location – based Services Based on Composite Measures of Trust Degree [J]. The Journal of Supercomputing, 2014, 69 (3): 1154 – 1165.

[15] 王海艳, 杨文彬, 王随昌, 等. 基于可信联盟的服务推荐方法 [J]. 计算机学报, 2014, 37 (2): 301 – 311.

[16] DENG S G, HUANG L T, XU G D. Social Network – Based

Service Recommendation with Trust Enhancement [J]. Expert Systems with Applications, 2014, 41 (18): 8075 - 8084.

[17] 张佩云, 陈恩红, 黄波. 基于社会网络面向个性化需求的可信服务推荐 [J]. 通信学报, 2013, 34 (12): 49 - 59.

[18] 刘树栋, 孟祥武. 一种基于移动用户位置的网络服务推荐方法 [J]. 软件学报, 2014, 25 (11): 2556 - 2574.

[19] SATTARI M, TOROSLU I H, KARAGOZ P, et al. Extended Feature Combination Model for Recommendations in Location - Based Mobile Services [J]. Knowledge & Information Systems, 2015, 44 (3): 629 - 661.

[20] 张志军, 刘弘. 上下文感知的移动社交网络推荐算法研究 [J]. 模式识别与人工智能, 2015, 28 (5): 404 - 410.

[21] 张燕平, 张顺, 钱付兰, 等. 基于用户声誉的鲁棒协同推荐算法 [J]. 自动化学报, 2015, 41 (5): 1004 - 1012.

[22] 王海艳, 张大印. 一种可信的基于协同过滤的服务选择模型 [J]. 电子与信息学报, 2013, 35 (2): 349 - 354.

[23] 辛乐, 范玉顺, 李想, 等. 基于服务信誉评价的偏好分析与推荐模型 [J]. 计算机集成制造系统, 2014, 20 (12): 3170 - 3181.

[24] 甘早斌, 曾灿, 李开, 等. 电子商务下的信任网络构造与优化 [J]. 计算机学报, 2012, 35 (1): 27 - 37.

[25] 李蕊, 李仁发. 上下文感知计算及系统框架综述 [J]. 计算机研究与发展, 2007, 44 (2): 269 - 276.

[26] 李艳娜, 乔秀全, 李晓峰. 基于证据理论的上下文本体建模以及不确定性推理方法 [J]. 电子与信息学报, 2010, 32 (8): 1806 - 1811.

［27］LIU J, ISSARNY V. Enhanced Reputation Mechanism for Mobile Ad Hoc Networks［M］. Springer Berlin Heidelberg, 2004: 48 – 62.

［28］QUERCIA D, HAILES S, CAPRA L. B – Trust: Bayesian Trust Framework for Pervasive Computing［M］. Trust Management, 2006: 298 – 312.

［29］LEI Z, NYANG D H, LEE K H, et al. Fair Reputation Evaluating Protocol for Mobile Ad Hoc Network［M］. Computational Intelligence and Security, 2007: 683 – 693.

［30］MOLONEY M, WEBER S. A Context – aware Trust – Based Security system for Ad Hoc Networks［C］. Workshop of the International Conference on Security & Privacy for Emerging Areas in Communication Networks, 2013: 153 – 160.

［31］曲德祥. 基于上下文感知的动态信任计算模型［J］. 计算机工程与设计, 2009, 30 (7): 1647 – 1650.

［32］ALMENAREZ F, MARIN A, DIAZ D, et al. Developing a Model for Trust Management in Pervasive Devices［C］. IEEE International Conference on Pervasive Computing & Communications Workshops, 2006: 547 – 271.

［33］ALMENAREZ F, MARIN A, CAMPO C, et al. TrustAC: Trust – based Access Control for Pervasive Devices［M］. Security in Pervasive Computing, 2005: 225 – 238.

［34］AHAMED S I, SHARMIN M. A Trust – Based Secure Service Discovery (TSSD) Model for Pervasive Computing［J］. Computer Communications, 2008, 31 (18): 4281 – 4293.

［35］AHAMED S I, HAQUE M M, HOQUE M E, et al. Design, Analysis, and Deployment of Omnipresent Formal Trust Model (FTM) with

Trust Bootstrapping for Pervasive Environments ［J］. The Journal of Systems and Software, 2010, 83 （2）: 253 –270.

［36］ GOLDBERG D, NICHOLS D, OKI B, et al. Using Collaborative Filtering to Weave an Information Tapestry ［J］. Communications of the ACM, 1992, 35 （12）: 61 –70.

［37］ SCHAFER B, FRANKOWSKI D, HERLOCKER J, et al. Collaborative Filtering Recommender Systems ［M］. In The Adaptive Web, 2007: 291 – 324.

［38］ PAZZANI M J, BILLSUS D. Content – Based Recommendation Systems ［M］. In The Adaptive Web, 2007, 325 –341.

［39］ MENDRAS H. Francis Fukuyama, Trust, the Social Virtues and the Creation of Prosperity ［J］. Revue Francaise De Science Politique, 1995: 45.

［40］ 肖扬，王道平，杨岑. 基于三部图网络结构的知识推荐算法 ［J］. 计算机应用研究, 2015 （2）: 386 –390.

［41］ ZHOU T, REN J, MEDO M, et al. Bipartite Network Projection and Personal Recommendation ［J］. Physical Review E, 2007, 76 （4）: 046115.

［42］ ZHOU T, KUSCSIK Z, LIU J G, et al. Solving the Apparent Diversity – Accuracy Dilemma of Recommender Systems ［J］. Proceedings of the National Academy of Sciences of the United States of America, 2010, 107 （10）: 4511 –4515.

［43］ KAUTZ H, SELMAN B, SHAH M. ReferralWeb: Combining Social Networks and Collaborative Filtering ［J］. Communications of the ACM, 1997, 40 （3）: 63 – 65.

[44] CAI X, BAIN M, KRZYWICKI A, et al. Collaborative Filtering for People to People Recommendation in Social Networks [C]. Australasian Joint Conference on Artificial Intelligence. Springer, Berlin, Heidelberg, 2010.

[45] LIU F K, LEE H J. Use of Social Network Information to Enhance Collaborative Filtering Performance [J]. Expert Systems with Applications, 2010, 37 (7): 4772 – 4778.

[46] LIU X, ABERER K. Soco: A social Network Aided Context – Aware Recommender System [C]. International Conference on World Wide Web, 2013.

[47] MA H, ZHOU D, LIU L Y, et al. Recommender Systems with Social Regularization [C]. ACM International Conference on Web Search and Data Mining, 2011.

[48] YANG X, STECK H, LIU Y. Circle – Based Recommendation in Online Social Networks [C]. International Conference on Knowledge Discovery and Data Mining, 2014: 1267 – 1275.

[49] HE J, CHU W W. A Social Network – Based Recommender System (SNRS) [J]. Data Mining for Social Network Data, 2010: 47 – 74.

[50] LI H, WU D, MAMOULIS N. A Revisit to Social Network – Based Recommender Systems [C]. International Conference on Research and Development in Information Retrieval, 2014.

[51] LEE E J. Factors Influence Consumer Trust in Human – Computer Interaction: an Examination of Interface Factors and the Moderating Influences [D]. Tennessee University Doctor Paper, 2002.

[52] SHANKAR V, URBAN G L, SULTAN F. Online Trust: a Stake-

holder Perspective, Concepts, Implications, and Future Directions [J] . Journal of Strategic Information Systems, 2002, 11: 325 – 344.

[53] MOORMAN C, DESHPANDE R, ZALTMAN G. Factors Affecting Trust in Market Research Relationships [J] . The Journal of Marketing , 1993 : 81 – 101.

[54] DONEY M, CANNON P. An Examination of the Nature of Trust in Buyer – Seller Relationships [J] . Journal of Marketing, 1997, 61 (2): 35 – 51.

[55] MARSH S. Formalizing Trust as a Computational Concept [D] . University of Stirling, 1994.

[56] GAMBETTA D. Can We Trust Trust? [J] . Trust Making & Breaking Cooperative Relations, 2000, 5 (4): 213 – –237.

[57] ABDUL R, HAILES S. Supporting Trust in Virtual Communities [C] . International Conference on System Sciences, 2000 : 9 – 19.

[58] ABERER K, DESPOTOVIC Z. Managing Trust in a Peer – 2 – Peer Information System [C] . International Conference on Information and Knowledge Management, 2001: 310 – 317.

[59] WANG Y, VASSILEVA J. Bayesian Network – Based trust Model [C] . International Conference on Web Intelligence, 2003: 372 – 378.

[60] XIONG L, LIU L. PeerTrust: Supporting Reputation – Based Trust for Peer – to – Peer Electronic Communities [J] . IEEE Transactions on Knowledge and Data Engineering, 2004, 6 (7): 843 – 857.

[61] KAMVAR S D, SCHLOSSER M T, GARCIA M H. The Eigen-trust Algorithm for Reputation Management in P2P Networks [C] . International Conference on World Wide Web, 2003: 640 – 651.

［62］HARDIN R. Trust & Trustworthiness ［M］. Russell Sage Foundation, 2002.

［63］COOK K S. Trust in Society ［M］. Russell Sage Foundation, 2001.

［64］HOLLAND P W, LEINHARDT S. Holland and Leinhardt Reply: Some Evidence on the Transitivity of Positive Interpersonal sentiment ［J］. The American Journal of Sociology, 1972, 77 (6): 1205 – 1209.

［65］ZIEGLER C N, LAUSEN G. Spreading Activation Models for Trust Propagation ［C］. International Conference on E – technology, E – commerce and e – service, 2004: 83 – 97.

［66］GUHA R, Kumar R, RAGHAVAN P, et al. Propagation of Trust and Distrust ［C］. International Conference on World Wide Web, 2004: 403 – 412.

［67］王勇, 李明, 崔灵果, 等. 开放式网络环境下的上下文敏感的信任管理 ［J］. 北京理工大学学报, 2008, 28 (3): 222 – 225.

［68］王勇, 李明, 崔灵果, 等. 一种上下文敏感的信任管理系统 ［J］. 北京理工大学学报, 2008, 28 (2): 95 – 98.

［69］CHANG E. Trust and Reputation for Service – Oriented Environments: Technologies for Building Business Intelligence and Consumer Confidence ［M］. John Wiley & Sons, 2005.

［70］SHEIKH I A, MUNIRUL M H. Design, Analysis, and Deployment of Omnipresent Formal Trust Model (FTM) with Trust Bootstrapping for Pervasive Environments ［J］. Journal of Systems and Software, 2010, 83: 253 – 270.

［71］杨超, 王双成. 一种交易上下文相关的电子商务声誉系统模

型 [J]. 小型微型计算机系统, 2011, 32 (7): 1365 – 1369.

[72] MUI L. Computational Models of Trust and Reputation [D]. Phd thesis, MIT, 2002.

[73] 黄辰林. 动态信任关系建模和管理技术研究 [D]. 国防科学技术大学, 2005.

[74] SLOVIC P. Trust, Emotion, Sex, Politics, and Science: Surveying the Risk – Assessment Battle Field [J]. Risk Analysis, 1999, 19 (4) 689 – 701.

[75] ZHONG Y, LU Y, BHARGAVA B. Dynamic Trust Production Based on Interaction Sequence [J]. Department of Computer Science Technical Reports, 2003.

[76] 李勇军, 代亚非. 对等网络信任机制研究 [J]. 计算机学报, 2010, 33 (3): 390 – 405.

[77] 刘建生, 游真旭, 乐光学, 等. 网络信任研究进展 [J]. 计算机科学, 2018, 45 (11): 13 – 28 + 36.

[78] LIANG Z Q, SHI W S. PET: A Personalized Trust Model with Reputation and Risk Evaluation for P2P Resource Sharing [C]. International al Conference on System Sciences, 2005: 201 – 211.

[79] 唐文, 陈钟. 基于模糊集合理论的主观信任管理模型研究 [J]. 软件学报, 2003, 14 (8): 1401 – 1408.

[80] AUDUN J. A Logic for Uncertain Probabilities [J]. International Journal of Uncertainty, Fuzziness and Knowledge – Based Systems, 2001, 9 (3): 279 – 311.

[81] ZUCKER L. Production of trust: Institutional Sources of Economic structure [J]. Research in Organizational Behavior , 1986 , 8 : 53 – 111.

[82] JØSANG A, Ismail R, Boyd C. A Survey of Trust and Reputation Systems for Online Service Provision [J]. Decision Support Systems, 2007, 43 (2): 618 – 644.

[83] AZZEDIN F, MAHESWARAN M. Evolving and Managing Trust in Grid Computing Systems [C]. International Conference on Electrical and Computer Engineering, 2002.

[84] MOHAN A, BLOUGH D M. Attribute Trust A Framework for E-valuating Trust in Aggregated Attributes via a Reputation System [C]. International Conference on Privacy, Security and Trust, 2008: 201 – 212.

[85] HUANG J, NICOL D. A Calculus of Trust and Its Application to PKI and Identity Management [C]. Symposium on Identity and Trust on the Internet, 2009: 23 – 37.

[86] CORRITORE C L, KRACHER B, WIEDENBECK S. Online Trust: Concepts, Evolving Themes, a Model [J]. International Journal of Human – Computer Studies, 2003, 58 (6): 737 – 758.

[87] MCKNIGHT D H, CHERVANY N L. What Trust Means in E – Commerce Customer Relationships: An Interdisciplinary Conceptual Typology [J]. International Journal of Electronic Commerce, 2002, 6: 35 – 59.

[88] MCKNIGHT D H, CHOUDHURY V, KACMAR C. Developing and Validating Trust Measures for E – Commerce : An Integrative Typology [J]. Information systems research, 2002, 13 (3): 334 – 359.

[89] SABATER J, SIERA C. Reputation and Social Network Analysis in Multi – Agent Systems [C]. International Joint Conference on Autonomous Agents and Multi Agent Systems, 2002: 475 – 482.

[90] LIANG Z, SHI W. Analysis of Ratings on Trust Inference in Open

Environments ［J］. Journal of Performance Evaluation, 2008, 65 (2):
99 – 128.

［91］SABATER J. Regret：A Reputation Model for Gregarious Socie-
ties ［J］. Workshop on Deception Fraud & Trust in Agent Societies, 2001：
61 – 69.

［92］MUI L, MOHTASHEMI M, HALBERSTADT A. A Computational
Model of Trust and Reputation ［C］. International Conference on System
Sciences, 2002：2431 – 2439.

［93］ABDUL R A, HAILES S. A distributed trust model ［C］.
Workshop on New Security Paradigms, 1998：48 – 60.

［94］徐兰芳, 张大圣, 徐凤鸣. 基于灰色系统理论的主观信任模
型 ［J］. 小型微型计算机系统, 2007, 28 (5)：801 – 804.

［95］贺利坚, 黄厚宽. 一种基于灰色系统理论的分布式信任模型
［J］. 北京交通大学学报, 2011, 35 (3)：26 – 32.

［96］王磊, 黄梦醒. 云计算环境下基于灰色 AHP 的供应商信任评
估研究 ［J］. 计算机应用研究, 2013, 30 (3)：742 – 750.

［97］BETH T, BORCHERDING M, KLEIN B. Valuation of Trust in
Open Networks ［M］. Springer Berlin Heidelberg, 1994.

［98］JØSANG A. Trust – based Decision Making for Electronic Trans-
actions ［C］. The Workshop on Secure Computer Systems, 1999：496 –
502.

［99］杨晓晖, 赵鹏远, 石强, 等. 基于主观逻辑扩展的实体行为动
态可信模型 ［J］. 中国科学院研究生院学报, 2011, 28 (6)：818 – 825.

［100］田俊峰, 吴丽娟. 基于多项式主观逻辑的扩展信任传播模
型 ［J］. 通信学报, 2013, 34 (5)：12 – 19.

［101］CERUTTI F, TONIOLO A, OREN N, et al. Context – Dependent Trust Decisions with Subjective Logic ［J］. ArXiv Preprint ArXiv, 2013: 1309, 4994.

［102］LIU G, YANG Q, WANG H, et al. Assessment of Multi – Hop Interpersonal Trust in Social Networks by Three – Valued Subjective Logic ［J］. IEEE Conference on Computer Communications, 2014: 1698 – 1706.

［103］TEACY W T, PATEL J, JENNINGS N R, et al. Travos: Trust and Reputation in the Context of Inaccurate Information Sources ［J］. Autonomous Agents and Multi – Agent Systems, 2006, 12 (2): 183 – 198.

［104］TEACY W T, LUCK M, ROGERS A, et al. An Efficient and Versatile Approach to Trust and Reputation Using Hierarchical Bayesian Modeling ［J］. Artificial Intelligence, 2012, 193: 149 – 185.

［105］梁洪泉, 吴巍. 基于动态贝叶斯网络的可信度量模型研究 ［J］. 通信学报, 2013, 34 (9): 68 – 76.

［106］张绍武, 林鸿飞, 刘晓霞, 等. 基于概率的信任传播模型 ［J］. 计算机科学, 2014, 41 (8): 90 – 93.

［107］张仕斌, 刘全, 曾鸿. 基于开放式网络环境的模糊自主信任模型 ［J］. 清华大学学报, 2006, 46 (1): 1109 – 1114.

［108］陈超, 王汝传, 张琳. 一种基于开放式网络环境的模糊主观信任模型研究 ［J］. 电子学报, 2010, 38 (11): 2505 – 2509.

［109］JIANG L, XU J, ZHANG K, et al. A New Evidential Trust Model for Open Distributed Systems ［J］. Expert Systems with Applications, 2012, 39 (3): 3772 – 3782.

［110］张琳, 刘婧文, 王汝传, 等. 基于改进 D – S 证据理论的信任评估模型 ［J］. 通信学报, 2013, 34 (7): 167 – 173.

[111] 赵秋月, 左万利, 田中生, 等. 一种基于改进 D – S 证据理论的信任关系强度评估方法研究 [J]. 计算机学报, 2014, 37 (04): 873 – 883.

[112] 张仕斌, 许春香. 基于云模型的信任评估方法研究 [J]. 计算机学报, 2013, 36 (2): 422 – 431.

[113] 蔡红云, 杜瑞忠, 田俊峰. 基于多维信任云的信任模型研究 [J]. 计算机应用, 2012, 32 (1): 5 – 7.

[114] 李致远, 王汝传. P2P 电子商务环境下的动态安全信任管理模型 [J]. 通信学报, 2011, 32 (3): 50 – 59.

[115] ASHTIANI M, AZGOMI M A. A Multi – Criteria Decision – making Formulation of Trust Using Fuzzy Analytic Hierarchy Process [J]. Cognition, Technology & Work, 2014, 10: 1 – 24.

[116] ASHTIANI M, AZGOMI M A. Trust Modeling Based on a Combination of Fuzzy Analytic Hierarchy Process and Fuzzy VIKOR [J]. Soft Computing, 2014, 11: 1 – 23.

[117] SHERCHAN W, NEPAL S, PAIRS C. A Survey of Trust in Social networks [J]. ACM Computing Surveys, 2013, 45 (4): 1 – 33.

[118] PINYOL I, SABATER – MIR J. Computational Trust and Reputation Models for Open Multi – agent Systems: a Review [J]. Artificial Intelligence Review, 2013, 40 (1): 1 – 25.

[119] VAVILIS S, PETKOVIC M, ZANNONE N. A Reference Model for Reputation Systems [J]. Decision Support Systems, 2014, 61 (5): 147 – 154.

[120] JØSANG A, KNAPSKOG S J. A Metric for Trusted System [C]. National Information System Security Conference, 1998: 16 – 29.

[121] RESNICK P, ZECKHAUSER R, Friedman E, et al. Reputation system [J]. Communications of the ACM, 2000, 43 (12): 45 –48.

[122] PERLMAN R. An Overview of PKI Trust Models [J]. IEEE network, 1999, 13 (6): 38 –43.

[123] CHU Y H, FEIGENBAUM J, LAMACCHIA B, et al. REFEREE: Trust Management for Web Applications [J]. Computer Networks and ISDN Systems, 1997, 29 (8): 953 –964.

[124] CASTELFRANCHI C, FALCONE R. Principles of Trust for MAS: Cognitive Anatomy, Social Importance, and Quantification [C]. International Conference on Multi – agent Systems, 1998.

[125] CAHILL V, SHAND B, GRAY E, et al. Using Trust for Secure Collaboration in Uncertain Environments [J]. IEEE Pervasive Computing, 2003, 2 (3): 52 –61.

[126] KRUKOW K, NIELSEN M. From Simulations to Theorems: A Position Paper on Research in the Field of Computational Trust [C]. International Conference on Formal Aspects in Security & Trust, 2006.

[127] 窦文, 王怀民, 贾焰, 等. 构造基于推荐的 Peer – to – Peer 环境下的 Trust 模型 [J]. 软件学报, 2004, 15 (4): 571 –583.

[128] SHAFER G. A Mathematical Theory of Evidence [J]. Technometrics, 1976.

[129] SENTZ K, FERSON S. Combination of Evidence in Dempster – Shafer Theory [J]. Contemporary Pacific, 2002.

[130] JØSANG A. A Subjective Metric of Authentication [C]. European Symposium on Research in Computer Security, 1998: 329 –344.

[131] JØSANG A, GRAY E, KINATEDER M. Simplification and A-

nalysis of Transitive Trust Networks [J] . Web Intelligence and Agent Systems, 2006: 139 - 161.

[132] SCHMIDT S, STEELE R, DILLON T S, et al. Fuzzy Trust Evaluation and Credibility Development in Multi - agent Systems [J] . Applied Soft Computing, 2007, 7 (2): 492 - 505.

[133] ARIGHIERI R, DAMIANI E, VIMERCATI S, et al. Fuzzy Techniques for Trust and Reputation Management in Anonymous Peer - to - Peer Systems [J] . Journal of the American Society for Information Science and Technology, 2006, 57 (4): 528 - 537.

[134] Griffiths N. A Fuzzy Approach to Reasoning with Trust, Distrust and Insufficient Trust [C] . International Workshop on Cooperative Information Agents, 2006: 360 - 374.

[135] 田春岐, 邹仕洪, 王文东, 等. 一种新的基于改进型 DS 证据理论的 PP 信任模型 [J] . 电子与信息学报, 2008, 30 (6): 1480 - 1484.

[136] YU B. SINGH M. Detecting Deception in Reputation Management [C] . International Joint Conference on Autonomous Agents and Multi Agent Systems , 2003: 73 - 80.

[137] YU B. SINGH M. A Social Mechanism of Reputation Management in Electronic Communities [C] . International Workshop on Cooperative Information Agents, 2000: 154 - 165.

[138] MANCHALA D W. Trust Metrics, Models and Protocols for Electronic Commerce Transactions [C] . International Conference on Distributed Computing Systems, 1998: 312 - 321.

[139] JAVANMARDI S, SHOJAFAR M, SHARIATMADARI S, et al.

FRTRUST: A Fuzzy Reputation Based Model for Trust Management in Semantic P2P Grids [J]. International Journal of Grid & Utility Computing, 2015, 6 (1): 57 –66.

[140] JIANG J, HAN G, WANG F, et al. An Efficient Distributed Trust Model for Wireless Sensor Networks [J]. IEEE Transactions on Parallel & Distributed Systems, 2015, 26 (5): 1228 –1237.

[141] DEY A K. Understanding and Using Context Personal and Ubiquitous Computing Journal [J]. Personal & Ubiquitous Computing, 2001, 5 (1): 4 –7.

[142] HONG J Y, SUH E H, KIM S J. Context – Aware Systems: A Literature Review and Classification [J]. Expert Systems with Applications, 2009, 36 (4): 8509 –8522.

[143] WHITE R, BAILEY P, CHEN L W. Predicting User Interests from Contextual Information [C]. Conference on Research and Development in Information Retrieval, 2009: 363 –370.

[144] CANTADOR I, CASTELLS P. Semantic Contextualization in a News Recommender System [J]. Popular Mechanics, 2009.

[145] PALMISANO C, TUZHILIN A, GORGOGLIONE M. Using Context to Improve Predictive Modeling of Customers in Personalization Applications [J]. IEEE Transactions on Knowledge & Data Engineering, 2008, 20 (11): 1535 –1549.

[146] YAP G E, TAN A H, PANG H H. Discovering and Exploiting Causal Dependencies for Robust Mobile Context – Aware Recommenders [J]. IEEE Transactions on Knowledge & Data Engineering, 2007, 19 (7): 977 –992.

［147］OKU K, NAKAJIMA S, MIYAZAKI J, et al. Context – Aware SVM for Context – Dependent Information Recommendation ［C］. International Conference on Mobile Data Management, 2006: 109 – 112.

［148］ADOMAVICIUS G, SANKARANARAYANAN R, SEN S, et al. Incorporating Contextual Information in Recommender Systems Using a Multidimensional Approach ［J］. ACM Transactions on Information Systems, 2005, 23（1）: 103 – 145.

［149］YU Z, ZHOU X, ZHANG D, et al. Supporting Context – Aware Media Recommendations for Smart Phones ［J］. Pervasive Computing, 2006, 5（3）: 68 – 75.

［150］WANG L C, MENG X W, ZHANG Y J, et al. New Approaches to Mood – Based Hybrid Collaborative Filtering ［C］. The Workshop on Context – Aware Movie Recommendation, 2010: 28 – 33.

［151］BOUTEMEDJET S, ZIOU D. A Graphical Model for Context – Aware Visual Content Recommendation ［J］. IEEE Transactions on Multimedia, 2007, 10（1）: 52 – 62.

［152］SU J H, YEH H H, YU P S, et al. Music Recommendation Using Content and Context Information Mining ［J］. IEEE Intelligent Systems, 2010, 25（1）: 16 – 26.

［153］ADOMAVICIUS G, TUZHILIN A. Context – Aware Recommender Systems ［J］. Ai Magazine, 2011.

［154］CHEN A. Context – Aware Collaborative Filtering System: Predicting the User's Preference in the Ubiquitous Computing Environment ［C］. Lecture Notes in Computer Science, 2005: 244 – 253.

［155］BURKE R. Hybrid Recommender Systems: Survey and Experi-

ments [J]. User Modeling and User – Adapted Interaction, 2002, 12 (4):
331 – 370.

[156] SETTEN M V, POKRAEV S, KOOLWAAIJ J. Context – Aware
Recommendations in the Mobile Tourist Application COMPASS [C]. Adaptive Hypermedia and Adaptive Web – Based Systems, 2004. 235 – 244.

[157] HONG J Y, SUH E H, KIM, et al. Context – Aware System for
Proactive Personalized Service Based on Context History [J]. Expert Systems with Applications, 2009, 36 (4): 7448 – 7457.

[158] LIU D, MENG X W, CHEN J L. A Framework for Context – aware Service Recommendation [C]. International Conference on Advanced
Communication Technology, 2008: 2131 – 2134.

[159] JRAD Z, AUFAURE M A, HADJOUNI M. A Contextual User
Model for Web Personalization [C]. International Conference on Web Information Systems Engineering, 2007: 350 – 361.

[160] PARK H S, YOO J O, CHO S B. A Context – Aware Music
Recommendation System Using Fuzzy Bayesian Networks with Utility Theory
[C]. International Conference on Fuzzy Systems & Knowledge Discovery,
2006: 970 – 979.

[161] LIU D, MENG X W, Chen J L, et al. Algorithms for Rule Generation and Matchmaking in Context – Aware System [J]. Journal of Software, 2009, 20 (10): 2655 – 2666.

[162] WOERNDL W, BROCCO M, EIGNER R. Context – Aware
Recommender Systems in Mobile Scenarios [J]. International Journal of Information Technology and Web Engineering, 2009, 4 (1): 67 – 85.

[163] YOU X G, SHI Y C, XIE W K. Pervasive Computing [J].

Chinese Journal of Computers , 2003, 26 (9) : 1042 – 1050.

[164] DEY A K, ABOWD G D. Towards a Better Understanding of Context and Context – Awareness [J] . Lecture Notes in Computer Science, 1999 (1707): 304 – 307.

[165] 王刚, 邱玉辉. 一种基于本体的觉察上下文计算模型[J] . 计算机科, 2006, 3 (10): 138 – 142.

[166] JØSANG A, BHUIYAN T. Optimal Trust Network Analysis with Subjective Logic [C] International Conference on Emerging Security Information, Systems and Technologies, 2008: 179 – 184.

[167] SU Z Y, LI M C, FAN X X, et al. Research on Trust Propagation Models in Reputation Management Systems [J] . Mathematical Problems in Engineering, 2014 (12): 1 – 16.

[168] Wang Y, Li L, Liu G. Social Context – Aware Trust Inference for trust Enhancement in Social Network Based Recommendations on Service Providers [J] . World Wide Web, 2015, 18 (1): 159 – 184.

[169] EIRINAKI M, LOUTA M D, VARLAMIS I. A Trust – Aware System for Personalized User Recommendations in Social Networks [J] . IEEE Transactions on Systems Man & Cybernetics Systems, 2014, 44 (4): 409 – 421.

[170] MARTI S, GARCIA M H. Taxonomy of Trust: Categorizing P2P Reputation Systems [J] . Computer Networks, 2006, 50 (4): 472 – 484.

[171] DELLAROCAS C. Mechanisms for Coping with Unfair Ratings and Discriminatory Behavior in Online Reputation Reporting Systems [J] . International Conference on Information Systems, 2000: 520 – 525.

[172] YU B, SINGH M P. Dectecting Deception in Reputation Man-

agement [C] . International Conference on Autonomous Agents and Multi A-gent Systems, 2003: 73 - 80.

[173] 李景涛, 荆一楠, 肖晓春, 等. 基于相似度加权推荐的 P2P 环境下的信任模型 [J] . 软件学报, 2007, 18 (1): 157 - 167.

[174] GUMMADI A, YOON J. Modeling Group Trust for Peer - to - Peer Access Control [C] . Internet Workshop on Database and Expert Sys-tems Applications, 2004.

[175] GAHILL V, GRAY E, SEIGNEUR J M, et al. Using Trust for Secure Collaboration in Uncertain Environments [J] . IEEE Pervasive Com-puting Magazine, 2003, 2 (3) : 52 - 61.

[176] BA S, PAVLOU P. Evidence of the Effect of Trust Building Technology in Electronic Markets: Price Preminums and Buyer Behavior [J] . MIS Quarterly, 2002, 26 (3): 243 - 268.

[177] ZACHARIA G, MAES P. Trust Management Through Reputation Mechanisms [J] . Applied Artificial Intelligence, 2000, 14 (9) : 881 - 907.

[178] 王茜, 杜瑾珺. 一种 P2P 电子商务安全信任模型 [J] . 计算机科学, 2006, 33 (9): 55 - 57.

[179] MUI L, MOHTASHEMI M. A Computational Model for Trust and Reputation [C] . International Conference on System Science, 2002: 2431 - 2439.

[180] SABATER J, SIERRA C. Review on Computational Trust Repu-tation Models [J] . Artificial Intelligence Review, 2006, 24 (1) : 33 - 60.

[181] BHARADWAJ K K, YAHYA M, Al - SHAMRI. Fuzzy Compu-tational Models for Trust and Reputation Systems [J] . Electronic Commerce Research and Applications, 2009, 8 (1) : 37 - 47.

［182］路松峰，刘芳，胡和平，等. 一种节点信誉相关的 P2P 网络信任管理模型［J］. 小型微型计算机系统，2009，30（11）：2139 - 2145.

［183］王玉详，乔秀全，李晓峰，等. 上下文感知的移动社交网络服务选择机制研究［J］. 计算机学报，2010，33（11）：2126 - 2135.

［184］WHITBY A，JØSANG A，INDULSKA J. Filtering Out Unfair Ratings in Bayesian Reputation Systems［C］. International Workshop on Trust in Agent Societies，2004.

［185］ZHANG J，COHEN R. A Personalized Approach to Address Unfair Ratings in Multi Agent Reputation System［C］. AAMAS Workshop on Trust in Agent Societies，2006.

［186］LAX G，SARNE G M L. CellTrust：A Reputation Model for C2C Commerce［J］. Electronic Commerce Research，2008，8（4）：193 -216.

［187］LIU J，ISSARNY V. Enhanced Reputation Mechanism for Mobile ad Hoc - networks［C］. Conference on Trust Management，2004：48 -62.

［188］李瑞轩，高昶，辜希武，等. C2C 电子商务交易的信用及风险评估方法研究［J］. 通信学报，2009，30（7）：78 -85.

［189］DELLAROCAS C. Analyzing the Economic Efficiency of EBay - Like Online Reputation Reporting Mechanisms［C］. Conference on Electronic Commerce，2001：171 -179.

［190］BANKS M. The EBay Survival Guide：How to Make Money and Avoid Losing Your Shirt［M］. San Francisco：No Starch Press，2005.

［191］RESNICK P. Trust and Reputation on EBay：Towards a Legal

Framework for Feedback Intermediaries [J]. Information & Communications Technology Law, 2006, 15 (1): 55 -78.

[192] CHANG J S, WONG H J. Selecting Appropriate Sellers in Online Auctions Through a Multi – Attribute Reputation Calculation Method [J]. Electronic Commerce Research & Applications, 2011, 10 (2): 144 -154.

[193] ZACHARIA G, MAES P. Trust Management Through Reputation Mechanisms [J]. Applied Artificial Intelligence, 2000, 14 (9): 881 -907.

[194] YU B, SINGH M P. Searching Social Networks [C]. International Joint Conference on Autonomous Agent and Multi Agent System, 2003: 65 -72.

[195] JØSANG A, HIRD S. Simulating the Effect of Reputation Systems on E – markets [C]. International Conference on Trust Management, 2003: 179 -194.

[196] SABATER J, SIERRA C. Social ReGret, a Reputation Model Based on Social Relations [J]. SIGeom Exchanges, 2002, 3 (1): 44 -56.

[197] LU J, WANG L Z, YU C S. E – auction in China: the Case of Taobao [J]. International Journal of Electronic Finance, 2007, 1 (4): 406 -419.

[198] LI W A, WU D, XU H. Reputation in China's Online Auction Market: Evidence from Taobao. com [J]. Frontiers of Business Research in China, 2007, 2 (3): 323 -338.

[199] LI Q F, LIU Z Y. Research on Chinese C2C E – Business Institutional Trust Mechanism: Case Study on Taobao and Ebay (cn) [C]. In-

ternational Conference on Wireless Communications, 2007: 3787 – 3790.

[200] LI D H, LI J, LIN Z X. Online Consumer – to – Consumer Market In China – A Comparative Study Of Taobao And Ebay [J]. Electronic Commerce Research and Applications, 2008, 7 (1): 55 –67.

[201] HE D H, LU Y B, ZHOU D Y. Emprical Study of Consumer's Purchase Intentions in C2C Electronic Commerce [J]. Tsinghua Science & Technology, 2008, 13 (3): 287 –292.

[202] LOPEZ J, ROMAN R, AGUDO I, et al. Trust Management Systems for Wireless Sensor Networks: Best Practices [J]. Computer Communications, 2010, 33 (9): 1086 –1093.

[203] HUYNH T D, JENNINGS N R, SHADBOLT N R. An Integrated Trust and Reputation Model for Open Multi – Agent Systems [J]. Autonomous Agents and Multi – Agent Systems, 2006, 13 (2): 119 –154.

[204] 孟祥武, 刘树栋, 张玉洁, 等. 社会化推荐系统研究 [J]. 软件学报, 2015, 26 (6): 1356 –1372.

[205] MORGAN R M, HUNT S D. The Commitment – Trust Theory of Relationship Marketing [J]. Journal of Marketing, 1994, 58 (3): 20 – 38.

[206] RECAPITULATED T A, GRANOVETTER M. The Strength of Weak Ties: A Network Theory Revisited [J]. Sociological Theory, 1983, 1 (1): 201 –233.

[207] 朱强, 孙玉强. 一种基于信任度的协同过滤推荐方法 [J]. 清华大学学报 (自然科学版), 2014, 54 (3): 360 –365.

[208] 胡勋, 孟祥武, 张玉洁, 等. 一种融合项目特征和移动用户信任关系的推荐算法 [J]. 软件学报, 2014, 25 (8): 1817 –1830.

[209] BEDI P, SHARMA R. Trust Based Recommender System Using Ant Colony for Trust Computation [J]. Expert Systems with Applications, 2012, 39 (1): 1183 – 1190.

[210] 周超, 李博. 一种基于用户信任网络的推荐方法 [J]. 北京邮电大学学报, 2014, 37 (4): 98 – 102.

[211] 邹本友, 李翠平, 谭力文, 等. 基于用户信任和张量分解的社会网络推荐 [J]. 软件学报, 2014, 25 (12): 2852 – 2864.

[212] FANG H, GUO G B, ZHANG J. Multi – Faceted Trust and Distrust Prediction for Recommender Systems [J]. Decision Support Systems, 2015, 71 (1): 37 – 47.

[213] 李美子, 黄震华, 向阳, 等. 社交网络中基于信任评估的推荐控制模型 [J]. 同济大学学报 (自然科学版), 2014, 42 (7): 1117 – 1122.

[214] 张波, 向阳, 黄震华. 一种社交网络中的个体间推荐信任度计算方法 [J]. 南京航空航天大学学报, 2013, 45 (4): 563 – 569.

[215] NUNES I, MARINHO L. A Gaussian Kernel Approach for Location Recommendations [C]. Conference on Knowledge Discovery, Mining and Learning, 2013: 113 – 120.

[216] RAHIMI S M, WANG X. Location Recommendation Based on Periodicity of Human Activities and Location Categories [C]. Conference on Knowledge Discovery and Data Mining, 2013: 377 – 389.

[217] 刘英南, 谢瑾奎, 张家利, 等. 社交网络中基于信任的推荐算法 [J]. 小型微型计算机系统, 2015, 36 (6): 1165 – 1170.

[218] 徐明迪, 张焕国, 张帆, 等. 可信系统信任链研究综述 [J]. 电子学报, 2014, 42 (10): 2024 – 2031.

[219] KLEINFELD J S. The Small World Problem [J]. Society, 2002, 39 (2): 61 –66.

[220] CANTADOR I, BRUSILOVSKY P, KUFLIK T. Second Workshop on Information Heterogeneity and Fusion in Recommender Systems [C]. International Workshop on Information Heterogeneity and Fusion in Recommender Systems, 2011: 387 –388.

[221] JAMALI M, Ester M. A Matrix Factorization Technique with Trust Propagation for Recommendation in Social Networks [C]. Conference on Recommender Systems, 2010: 135 – 142.

[222] JIANG W, GAO M D, WANG X X, et al. A New Evaluation Algorithm for the Influence of User in Social Network [J]. China Communications, 2016, 13 (2): 200 –210.

[223] BELLAVISTA P, MONTANARI R, DAS S K. Mobile Social Networking Middleware: A Survey [J]. Pervasive and Mobile Computing, 2013, 9 (4): 437 – 453.

[224] MORADI P, AHMADIAN S. A reliability – Based Recommendation Method to Improve Trust – Aware Recommender Systems [J]. Expert Systems with Applications, 2015, 42 (21): 7386 –7398.

[225] SHAMBOUR Q, LU J. An Effective Recommender System by Unifying User and Item Trust Information for B2B Applications [J]. Journal of Computer and System Sciences, 2015, 81 (7): 1110 –1126.

[226] YANG X, GUO Y, LIU Y, et al. A Survey of Collaborative Filtering Based Social Recommender Systems [J]. Computer Communications, 2014, 41: 1 – 10.

[227] LEE W P, KAOLI C, HUANG J Y. A Smart TV System with

Body – Gesture Control, Tag – Based Rating and Context – Aware Recommendation [J] . Knowledge – Based System, 2014, 56: 167 – 178.

[228] CHEN C C, WAN Y H, CHUNG M C, et al. An Effective Recommendation Method for Cold Start New Users Using Trust and Distrust Networks [J] . Information Sciences, 2013, 224: 19 – 36.

[229] RUAN Y, DURRESI A. A Survey of Trust Management Systems for Online Social Communities – Trust Modeling, Trust Inference and Attacks [J] . Knowledge – Based Systems, 2016, 106: 150 – 163.

[230] LI J, ZHANG Z, ZHANG W. Mobitrust: Trust Management System in Mobile Social Computing [C] . International Conference on Computer and Information Technology, 2010: 954 – 959.

[231] QURESHI B, MIN G, KOUVATSOS D. Trusted Information Exchange in Peer – to – Peer Mobile Social Networks [J] . Concurrency and Computation: Practice and Experience, 2012, 24 (17): 2055 – 2068.

[232] LI Z, BI J. An Adaptive Trusted Request and Authorization Model for Mobile Peer – to – Peer Networks [C] . International Conference on Embedded and Ubiquitous Computing, 2013: 1274 – 1280.

[233] LI M, XIANG Y, ZHANG B, et al. A Trust Evaluation Scheme for Complex Links in a Social Network: a Link Strength Perspective [J] . Applied Intelligence, 2016, 44 (4): 969 – 987.

[234] KWAN M, RAMACHANDRAN D. Trust and Online Reputation Systems [C] . Computing with Social Trust, 2009: 287 – 311.

[235] ZIEGLER C N, LAUSEN G. Analyzing Correlation between Trust and User Similarity in Online Communities [C] . Trust Management, 2004: 251 – 265.

［236］ GOLBECK J. Generating Predictive Movie Recommendations from Trust in Social Networks ［C］. Lecture Notes in Computer Science, 2006, 3986: 93 - 104.

［237］ MASSA P, AVESANI P. Trust - Aware Recommender Systems ［C］. ACM Conference on Recommender Systems, 2007: 17 - 24.

［238］ ANKOLEKAR A, SZABO G, LUON Y, et al. Friendlee: A Mobile Application for Your Social Life ［C］. Conference on Human - Computer Interaction with Mobile Devices and Services, 2010: 331 - 334.

［239］ GOLBECK J. Trust and Nuanced Profile Similarity in Online Social Networks ［J］. ACM Transactions on the Web, 2009, 3 (4): 1 - 30.

［240］ DENG S G, HUANG L T, YIN Y Y, et al. Trust - Based Service Recommendation in Social Network ［J］. Applied Mathematics & Information Sciences, 2015, 9 (3): 1567 - 1574.

［241］ RESNICK P, IACOVOU N, SUCHAK M, et al. GroupLens: An Open Architecture for Collaborative Filtering of Netnews ［C］. ACM Conference on Computer Supported Cooperative Work, 1994: 175 - 186.

［242］ SARWAR B M, KARYPIS G, RIEDL J. Item - Based Collaborative Filtering Recommendation Algorithms ［C］. International Conference on World Wide Web, 2001: 285 - 295.

［243］ DONOVAN J O, SMYTH B. Trust in Recommender Systems ［C］. International Conference on Intelligent User Interfaces, 2005: 167 - 174.

［244］ GITELSON R, KERSTETTER D. The Influence of Friends and Relatives in Travel Decision Making ［J］. Journal of Travel & Tourism Marketing, 1995, 3 (3): 59 - 68.

［245］LO S, LIN C. WIR – A Graph – Based Algorithm for Friend Recommendation ［C］. ACM International Conference on Web Intelligence, 2006：121 – 128.

［246］BEACH A, GARTRELL M, XING X Y, et al. Fusing Mobile, Sensor, and Social Data to Fully Enable Context – Aware Computing ［C］. Eleventh Workshop on Mobile Computing Systems & Applications, 2010：60 – 65.

［247］MORADI P, AHMADIAN S, AKHLAGHIAN F. An Effective Trust – Based Recommendation Method Using a novel Graph Clustering Algorithm ［J］. Physica A：Statistical Mechanics and Its Applications, 2015, 436：462 – 481.

［248］BILLSUS D, PAZZANI M J. Learning Collaborative Information filters ［C］. International Conference on Machine Learning, 1998：46 – 54.

［249］ZHOU T, JIANG L L, SU R Q, et al. Effect of Initial Configuration on Network – Based Recommendation ［J］. EPL（Europhysics Letters）, 2008, 81（5）：58004.

［250］ZHOU T, SU R Q, LIU R R, et al. Accurate and Diverse Recommendations Via Eliminating Redundant Correlations ［J］. New Journal of Physics, 2009, 11（12）：123008.

［251］LÜ L Y, LIU W P. Information Filtering Via Preferential Diffusion ［J］. Physical Review E, 2011 , 83（6）：066119.

［252］MCNEE S M, RIEDL J, KONSTAN J A. Being Accurate Is Not Enough：How Accuracy Metrics Have Hurt Recommender Systems ［C］. Conference on Human Factors in Computing Systems, ACM, 2006：1097 – 1101.

[253] ZHANG Z K, LIU C, ZHANG Y C, et al. Solving the Cold – Start Problem in Recommender Systems with Social Tags [J]. EPL (Europhysics Letters), 2010, 92 (2).

[254] REN X, LÜ L Y, LIU R, et al. Avoiding Congestion in Recommender Systems [J]. New Journal of Physics, 2014, 16 (6): 063057.

[255] BASU C, HIRSH H, COHEN W. Recommendation as Classification: Using Social and Content – Based Information in Recommendation [C]. Conference on Artificial Intelligence, 1998: 714 – 720.

[256] 朱文强, 钟元生, 徐军. 社交信任下的可信服务推荐方法 [J]. 小型微型计算机系统, 2017, 38 (03): 503 – 508.

[257] 邓小方, 钟元生, 吕琳媛, 等. 融合社交网络的物质扩散推荐算法 [J]. 山东大学学报 (理学版), 2017, 52 (03): 51 – 59 + 67.

[258] 熊建英, 钟元生. 一种面向移动服务拍卖的信任管理模型 [J]. 小型微型计算机系统, 2013, 34 (04): 827 – 831.

[259] 熊建英, 钟元生. 一种抗欺诈的 C2C 卖方信誉计算模型研究 [J]. 计算机科学, 2012, 39 (02): 68 – 71.

[260] 钟元生, 徐娟, 刘成娟. 反名声合谋方法研究 [J]. 计算机工程, 2008 (16): 173 – 176.

[261] XU J, ZHONG Y S, ZHU W Q, et al. Trust – Based Context – Aware Mobile Social Network Service Recommendation [J]. Wuhan University Journal of Natural Sciences, 2017, 22 (02): 149 – 156.

[262] 谭学清, 黄翠翠, 罗琳. 社会化网络中信任推荐研究综述 [J]. 现代图书情报技术, 2014, 30 (11): 10 – 16.